AF451395

LIVRES

ET

ESTAMPES

DU CABINET

DE FEU

M. HALLÉE,

CHEVALIER DE L'ORDRE

DE S. MICHEL,

ET SECRETAIRE DU ROY.

Dont la Vente commencera le 26 Février 1742. à deux heures de relevée, en sa Maison ruë de Torigny au Marais.

A PARIS,

Chez PIGET Libraire, Quai des Augustins, à l'Image S. Jacques.

M. DCC. XLII.

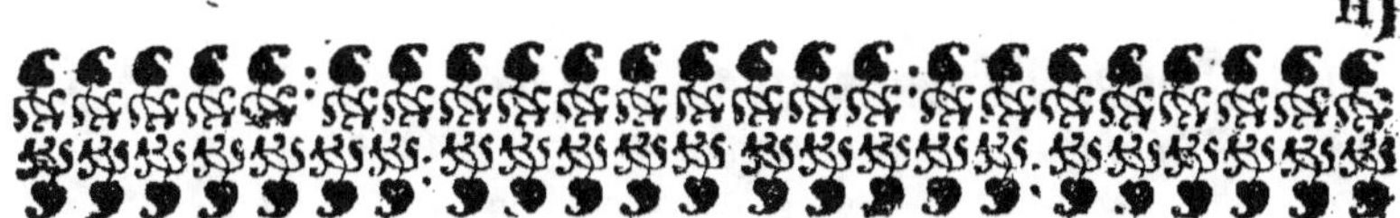

ORDRE
DES FACULTÉS ET DIVISIONS
DU PRESENT
CATALOGUE.

THÉOLOGIE.

ECRITURE SAINTE.
I. *Textes & Versions de l'Ecriture Sainte.* Page   1
II. *Histoire de la Bible, Vies de J. C. &c.*   6
III. *Critiques, Interpretes, & Commentaires de l'Ecriture Sainte.*   7
IV. *Liturgies.*   8

CONCILES   10

SS. PERES DE L'EGLISE, GRECS ET LATINS.   11

THEOLOGIENS.   12
I. *Théologie Scholastique.*   12
    Traités des Sacremens de l'Eglise.   13
    Traités Théologiques des quatre dernieres Fins de l'Homme.   14

iv

II.	*Thélogie Dogmatique & Morale.*	14
III.	*Théologie Catéchètique ou Instructive.*	15
IV.	*Homélies, Sermons & Panégyriques, &c.*	16
V.	*Théhologie Ascetique ou Mystique.*	17

Traités de la Perfection chrétienne & de la Pratique des Vertus. — 18

Exercices de Piété, Méditations, Elévations Spirituels, &c. — 19

Quiétisme. — 20

VI.	*Théologie Polemique.*	22
VII.	*Théologiens Héterodoxes.*	24

JURISPRUDENCE.

DROIT CANONIQUE. — 26

DROIT CIVIL. — 27

SCIENCES ET ARTS.

PHILOSOPHIE. — 29

I.	*Logique & Morale.*	29
II.	*Politique.*	30
III.	*Métaphysique.*	31
IV.	*Physique.*	32
V.	*Histoire Naturelle.*	ibid.

MEDECINE. 34

   I.   *Chirurgie.* 36
   II. *Pharmacie & Chymie.* 37
  III. *Philosophie, ou Médecine Hermetique.* ibid.

MATHEMATIQUE. ibid.

LES ARTS. 38

BELLES LETTRES.

GRAMMAIRES ET DICTION. 40

RHETORIQUE. 41

POETIQUE. 42

   I.   *Poëtes Grecs.* ibid.
   II. *Poëtes Latins.* ibid.
  III. *Poëtes François.* 45
  IV. *Poëtes Italiens & Espagnols.* 48
   V. *Mythologie.* ibid.
  VI. *Poësies Prosaïques, ou Faceties, Contes, Nouvelles, Romans, &c.* 50

     Nouvelles & Romans donnés pour vrais par leurs Auteurs. 51
     Romans vraisemblables, ou mêlés de vrai & de faux. 53

PHILOLOGIE. 53

   I. *Critiques anciens & modernes.* ibid.

vj

Traités singuliers de Critiques, Satyres, Inve-
ctives, Défences, Apologies, &c.   54
Diverses Dissertations philologiques, critiques,
allegoriques, enjouées, &c.

II.   Sentences, Apophtegmes, Adages, Proverbes, &
Livres en Ana.   55
III. Hieroglyphiques, Symboles, Emblêmes, Devises,
&c.   ibid.

POLYGRAPHES.   56

I.   Auteurs anciens & modernes, qui ont écrit sur
differens sujets.   ibid.

Collections d'Ouvrages François de differens Au-
teurs, tant en Prose qu'en Vers.   57
II.   Dialogues & Entretiens.   ibid.
III. Epistolaires.   58

HISTOIRE.

I.   Geographie.   60
II.   Voyages & Navigations.   61

Voyages autour du Monde.   61
Voyages en Europe.   62
Voyages en Asie.   ibid.
Voyages en Afrique.   64
Voyages en Amérique.   65

HISTOIRE UNIVERSELLE. 66

HIST. ECCLESIASTIQUE. ibid.

I. *Histoire des Juifs.* ibid.
II. *Histoire Ecclesiastique Générale.* 67
III. *Histoires des Conciles & Vies des Papes.* ibid.
IV. *Histoire des Ordres Monastiques & Militaires.* 68
V. *Vies des Saints, & des Personnes illustres en piété.* 69
VI. *Histoires des Religions des Hérésies & Hérésiarques.* 70

HISTOIRE PROFANE. 70

I. *Histoire Ancienne.* 71
II. *Histoire Grecque & Romaine.* ibid.
III. *Histoire Byzantine.* 72

HISTOIRE MODERNE. 72

I. *Histoire d'Italie.* 72
II. *Histoire de France.* 73

Notice Générale du Royaume. 74
Histoire Générale de France. ibid.
Histoiré de France particuliere sous chaque Régne. 75
Histoire des Provinces & Villes de France. 80
Mélanges historiques de l'Histoire de France. 82

III. *Histoire d'Allemagne.* 83
IV. *Histoire des Pays-Bas.* ibid.
V. *Histoire de Lorraine.* 84
VI. *Histoire des Suisses.* ibid.
VII. *Histoire d'Espagne & de Portugal.* ibid.
VIII. *Histoire d'Angleterre.* 85

viij

   IX. *Histoire Orientale.* 87

   X. *Histoire Asiatique.* . . . . ibid.

ANTIQUITE'S.   88

   I. *Histoire Métallique, ou Médailles, Monnoyes, &c.*   90

HISTOIRE LITTERAIRE.   91

   I. *Histoire des Sciences & des Arts.*   ibid.

   II. *Histoire des Académies*   92

   III. *Bibliographie.*   ibid.

   IV. *Journaux Littéraires.*   93

   V. *Catalogue de Bibliothéques.*   95

VIES DES HOMMESILLUST.   96

EXTRAITS HISTORIQUES.   98

DICTIONN. HISTORIQUES. ibid.

COLLECTIONS.   99

   I. *Scholiastes Dauphins.*   ibid.

   II. *Autores cum notis Variorum.*   101

   III. *Editions des Elzevirs.*   102

SUPPLEMENT AU CATAL.   104

ESTAMPES.   107

LIVRES
ET ESTAMPES
DU CABINET
DE FEU
M. HALLÉE,
CHEVALIER DE L'ORDRE
de S. Michel, & Secretaire du Roi.

THÉOLOGIE.

I.

Textes & Versions de l'Ecriture Sainte.

N°
I

Iblia Poliglotta, complectentia textus Originales, itemque versiones antiquas, cum Prolegomenis ; edita studio & curâ Briani Waltoni. *Londini,* 1657. 6 vol. in fol. maroquin bleu, lavé & reglé, doré sur tranche.

A

2 Lexicon Heptaglotton Hebr. Chald. Syriac. Samarit. Æthiop. Arab. & Persic. Ant. Edm. Castello. *Londini*, 1669. 2 *vol. fol.*

3 Psalterium Hebræum, Græcum, Arabicum, cum tribus latinis Interpretationibus & Glossis. *Genuæ*, 1570. *in fol. veau marbré.*

4 Davidis Regis Psalmorum Liber Gr. & Lat. *Antuerpiæ, Plantin*, 1584. *in* 16. *mar. r.*

5 Novum Testamentum Græcè. *Basileæ*, 1545. *in* 12.

6 Novum Testamentum Græcum, ex Officina Roberti Stephani. 1569. *in* 16. *mar. r.*

7 Novum Testamentum Græcum, cum Versione vulgatâ, & Theodori Bezæ annotationibus. *Apud Henricum Stephanum*, 1565. *in fol. c. m. lavé, réglé. v. f.*

8 Novum Testamentum Græcum, cum variantibus lectionibus & notis Joan. Millii. Ex editione Ludolphi Kusteri. *Amst.* 1710. *in fol. cart. m.*

9 Biblia Latina vulgata. *Argentorati, per Marcum Reinhardi de Argentina & Nic. Phil. de Reinsheym.* 1482. *in fol. v. f.*

10 Biblia Latina vulgata, ex emendatione Roberti Stephani. *Parisiis, Typis ejusdem Stephani.* 1528. *in fol.*

11 Eadem Biblia Rob. Stephani. *Ibid.* 1532. *in fol. mar. r.*

12 Biblia Latina vulgatæ editionis, Sixti V. jussu recognita & edita, tribus tomis distincta. *Romæ, ex Typographiâ Apostolicâ Vaticanâ*, 1590. *in fol. maroq. viol.*

13 Biblia Sacra vulgatæ editionis, Sixti V. autoritate recognita, jussu Cleri Gallicani edita. *Parisiis, Vitré*, 1652. 8. *vol. in* 12. *v. f.*

14 Biblia Sacra Vulgatæ editionis, notis chronologicis & historicis illustrata, unà cum Chronologiâ Sacrâ ex Usserio & Geographiâ Sacrâ Nicolai Sanson. *Parisiis, Vitré*, 1662. *in fol. v. f.*

15 Biblia Sacra vulgatæ editionis Sixti V. & Clementis VIII. cum notis Duhamel. *Parif.* 1708. *in fol. mar. r. cart. m.*

16 Nova & accurata Editio Pfalmorum Davidis, cum Paraphrafi Buchanani. *Parif.* 1729. 2 *vol. in* 12. *mar. r.*

17 Novum Jefu Chrifti Teftamentum, vulgatæ editionis. *Parif. Vitré*, 1644. *in* 8. *v. f. d. f. t.*

18 Idem, *ex Typographiâ Regiâ.* 1649. *in* 12. 2 *vol. mar. r.*

19 Sanctum J. C. Evangelium notis illuftratum. *Rothomagi. (Parif. de Nully.*) 1695. 2. *vol. in* 12. *lavé, réglé, mar. r.*

20 Bible de Frizon. *Paris*, 1622. 3 *vol. in fol.*

21 La Sainte Bible en françois, (trad. de M. de Sacy) avec l'explication du fens littéral & du fens fpirituel, tiré des SS. Peres & des Auteurs Eccléfiaftiques. *Bruxelles*, 1692. 26 *vol. in* 12. *mar. bl.*

22 La Sainte Bible en lat. & en fr. de la même traduction, avec des notes littérales, & la Concorde des Evangeliftes. *Paris*, *Defprez*, 1715. 3 *vol. in fol. mar. r.*

23 La Sainte Bible, traduite en François fur la Vulgate (par le Maître de Sacy) avec des notes courtes tirées des SS. Peres & des meilleurs Interpretes : La Traduction des Pfeaumes felon l'Hebreux, à côté de la Vulgate & la Concorde des quatre Evangéliftes. *Bruxelles*, *Foppens*, 1700. 3 *vol. in* 4. *gr. pap. mar. r.*

24 La même. *Ibid.* 1704. 4 *vol. in* 4. *gr. p. v. f.*

25 La Sainte Bible trad. en fr. par M. de Sacy. *Paris*, 1707. 8 *vol. in* 16.

26 La même, de la même traduction, à laquelle on a ajouté 500. figures gravées par de Marne. *Paris*, *Defprez*, 1730. 2 *tom. en* 6 *vol. in* 4. *v. f.*

27 La Sainte Bible Françoife faite fur la Verfion de Genêve, revùe & corrigée, avec les notes de la Bible Flamande, & celles de Jean Diodati & au-

4

tres, par les soins de Samuel & Henri Defmarets pere & fils. *Amfterd. Elzevier*, 1662. *2 vol. in fol. gr. p. v. f.*

28 Pfeaumes de David, traduction fuivant l'Hébreu. *Paris, le Petit*, 1665. *in 12. mar. r.*

29 Les mêmes, felon la Vulgate. *Chez le même.* 1666. *in 12. mar. r.*

30 Les mêmes, à trois colonnes. *Paris, (Amfterd.)* 1666. *in 12. m. r.*

31 Les mêmes, trad. felon l'Hébreu, & diftribués pour tous les jours de la femaine. *Paris*, 1713. *in 12. mar. verd.*

32 Les Pfeaumes de David, & les Cantiques de l'Eglife. *Paris*, 1717. *in 12.*

33 Les Pfeaumes de David, trad. en Fr. avec de courtes notes. *Paris*, 1719. *in 8. v. brun.*

34 Les Pfeaumes de la Pénitence en Sonnets, par Conftantin de Renneville. *La Haye*, 1714. *in 12. v. f.*

35 Le Sens propre & littéral des Pfeaumes de David, par le P. Lalemand. *Paris*, 1728. *in 12.*

36 Les Pfeaumes imités & appliqués à la Religion Chrétienne. *Paris*, 1706. *in 12. v. br.*

37 Les Pfeaumes en forme de Prieres Paraphrafes. *Paris*, 1719. *in 12. mar. verd.*

38 Les Pfeaumes en forme de Prieres Paraphrafe. *Paris*, 1727. *v. br.*

39 Les Songes de Daniel, tranflatés de Lat. en Fr. *in 16. Goth. mar. verd.*

40 Le nouveau Teftament en François, par Guyars-des-Moulins, corrigé par Macho & Farget, Docteurs Auguftins. *Lyon, Goth. in fol.*

41 Le Nouveau Teftament trad. en Fr. imprimé par Colines en 1523. *Goth. in 8. 2 vol. v. f. d. f. t.*

42 Le Nouveau Teftament, de la traduction du P. Amelot. *Paris*, 1666. *3. vol. in 8. mar. r.*

43 Le même de la même trad. *Paris*, 1673. *2 vol. in 24. mar. violet.*

44   Nouveau Teſt. trad. en François, ſuivant l'édition vulgate, avec les différences du Grec. *Mons, 1667. premiere édition*, 2 *vol. in* 12. *mar. r.*

45   Le même, ſeconde édition, imprimé à deux colonnes. 1667. *in* 12. *mar. r.*

46   Le même, quatriéme édition. 1668. *in* 12. *maroq. r.*

47   Le Nouveau Teſtament, trad. en Fr. ſuivant l'édition vulgate, avec les différences du Grec. *Mons, 1678. in* 4. *lavé, reglé, mar. r.*

48   Le même. *Mons,* 1710. *in* 12. *mar. r.*

49   Le même, avec le Grec & le Latin de la Vulgate, à 3 colonnes. *Mons, (Rouen.) in* 8. 2. *vol. v. f. d. ſ. t.*

50   Le même, double. 2 *vol. mar. r.*

51   Recueil de diverſes Pieces publiées pour la traduction du N. Teſt. imprimé à Mons. 1669. 3 *vol. in* 8. *v. f.*

52   Verſion expliquée du Nouveau Teſtament, par Antoine Godeau, Evêque de Vence. *Paris, Muguet,* 1678. 2 *vol. in* 8. *m. violet.*

53   Le Nouveau Teſtament traduit en Fr. avec une explication par M. de Sacy. *Paris, Deſprez,* 1696. 11 *vol. in* 8. *m. r.*

54   Le Nouveau Teſtament, traduction nouvelle, avec des remarques littérales & critiques, (par Richard Simon.) *Trevoux,* 1702. 2 *vol. in* 8.

55   Premiere & ſeconde Inſtruction ſur les Paſſages de la Verſion du Nouveau Teſtament de Trevoux par M. de Meaux. 1702. *&* 1703. *Paris,* 2 *vol. in* 12.

56   Réflexions Morales avec des notes ſur le Nouveau Teſtament traduit en Fr. & la Concorde des 4. Evangeliſtes, (par le P. Lallemant Jéſuite.) *Paris,* 1713. *in* 12. 12. *vol. v. br. d. ſ. t.*

57   Les Paroles de J. C. tirées du N. Teſt. *Paris, in* 12. *m. r.*

58   Paraphraſe ſur l'Evangile de S. Jean. *Paris,* 1689. *in* 12. *m. r.*

59 Explication du Myſtere de la Paſſion de N. S. J. C. Paris, 1728. 2 vol. in 12. v. f.

60 Epiſtolæ & Evangelia totius anni. Pariſ. 1647. in 8. m. citron.

61 Inſtructions Chrétiennes & Prieres à Dieu ſur les Epîtres & Evangiles pour tous les jours de l'Année. Paris, Pralard, 1716. in 12. mar. verd.

62 I tutti i ſacro ſanti Libri del vecchio e nuovo Teſtamento tradotti in Lingua Italiana, dalla Hebraica verita e fonte Greco con commento da Antonio Brucioli. In Venetia, 1542. 1546. 6 tomes en 3 vol. in fol. v. marb. lavé reglé.

I I.

Hiſtoires de la Bible, Vies de J. C. &c.

63 Sacræ Hiſtoriæ acta à Raphaele Urbin in Vaticanis Xyſtis ad Picturæ miraculum expreſſa. Romæ, 1639. in fol.

64 Hiſtoire du Vieux & du Nouveau Teſtament, avec figures, par le Sieur de Royaumont, (Nic. Fontaine) Prieur Dombreval. Paris, 1670. in 4. mar. r.

65 Hiſtoire du Vieux & du Nouveau Teſtament, par le Sieur de Royaumont. Paris, P. le Petit, 1670. in 12. mar. r.

66 La même avec figures. Bruxelles, 1687. in 12. mar. r.

67 La même. Paris, 1703. in 12. v. br. d. ſ. t.

68 La même avec figures. Paris, Vilette, 1723. fol. mar. r.

69 Hiſtoire ſacrée en Tableaux avec leur explication, par Oronce de Brianville. Paris, 1670. 71. & 75. 3 vol. in 12. avec figures de le Clerc, mar. violet.

70 Hiſtoire du Vieux & du Nouveau Teſtament, avec figures. Amſt. Mortier, 1700. 2 tom. en un vol. fol. g. p. mar. r.

71 Discours Historiques, Critiques, Théologiques & Moraux, sur les événemens les plus mémorables du Vieux & du Nouveau Testament ; par Saurin, avec fig. *Amst.* 1720. & 1726. 5 *vol. fol. Pap. Imp. mar. r.*

72 Les Figures de la Bible, par J. Ulrich Kraussen. *Augsbourg*, 1705. *in fol. gr. p. mar. r.*

73 Les mêmes. *Augsbourg*, 1702. *in 4. v. marb.*

74 Epiftres & Evangiles, avec figures, du même. *Augsbourg, in fol. v. marb.*

75 Histoire de la Vie de N. S. J. C. par M. le Tourneur. *Paris*, 1702. *in 12. v. br. d. f. t.*

III.

Critiques, Interpretes, & Commentateurs de l'Ecriture Sainte.

76 Critici sacri sive annotationes doctissimorum virorum in vetus ac novum Testamentum ex recensione Jo. Clerici. *Amst.* 1698. & *seq.* 9 *vol. in fol. v. f.*

77 Thesaurus Theologico Philologicus sive sylloge differtationum elegantiorum ad selectiora veteris & novi Testamenti loca. *Amst.* 1701. 2 *vol. in fol. v. f.*

78 Matthæi Poli Synopsis criticorum. *Londini*, 1660. 5 *vol. in fol. cart. mag.*

79 { Histoire critique du Vieux & du Nouveau Testament, par Richard Simon. *Rotterdam, Reinier Leers*, 1685. & *suiv.* 5 *vol. in 4.*
Nouvelles Observations sur le Texte & les Versions du N. T. du même Auteur. *Paris*, 1695. *in 4.*

80 Sentimens de quelques Théologiens d'Hollande sur l'Histoire critique du V. T. par Jean le Clerc. *Amst.* 1685. *in 8.*

81 Défense des sentimens de quelques Théologiens

d'Hollande fur l'Hiſtoire critique du Vieux Teſta ment. *Amſt.* 1686. *in* 12. *v. br.*

82   *Lettres* critiques ſur la difficulté qui ſe trouve en re Moïſe & Saint Etienne dans le nombre des deſcendans de Jacob qui paſſerent de Canaan en Egypte. *Utrecht*, 1705. *in* 12. *v. f.*

83   Inſtitutiones Biblicæ, ſeu Scripturæ ſacræ prolegomena autore du Hamel. *Paris*, *in* 12. *v. m. d. ſ. t.*

84   *Ejuſd.* Annotationes ſelectæ in difficiliora Scripturæ loca. *Ibid.* 1699. *in* 12.

85   Méthode ſacrée pour l'Ecriture, du P. Martianay. *Paris*, 1716. *in* 8. *m. r.*

86   Regles pour l'intelligence des ſaintes Ecritures. *Paris*, 1718. *in* 12. *mar. r.*

87   Apparat de la Bible, du P. Lamy de l'Oratoire. *in* 8. 1697. *m. r.*

88   Commentaire Litteral ſur tous les Livres de l'Ancien & du Nouveau Teſtament, par le P. Calmet. *Paris*, 1715. *& ſuiv.* 25 *vol. in* 4. *v. f. d. ſ. t.*

     Hiſtoire de l'Ancien & du Nouveau Teſtament, par le même. 2 *vol. in* 4. *v. f. d. ſ. t.*

     Diſſertations ſur divers ſujets de l'Ecriture, par le même. *in* 4. *v. f. d. ſ. t.*

89   Dictionnaire Hiſtorique, Critique, Chronologique, Géographique & Litteral de la Bible, par le P. Calmet. *Paris*, 1722. *in fol.* 2 *vol.*

I V.

Liturgies.

90   Heures à l'uſage de Rome, avec les figures de l'Apocalypſe, & pluſieurs autres hiſtoires, imprimées ſur velin. *Paris*, *Gillet Hardouin*, *in* 8. *goth. mar. r.*

91   Autres Heures à l'uſage de Rome, imprimées

fur velin. *in 8. goth. mar. violet.*

92 Miffale Catalaunenfe. *Parifiis, Kerver, 1543. impreffum in membranis cum figuris depictis. in fol. mar. r.*

93 Miffale Parifienfe, autoritate D. de Harlay, recognitum & emendatum. *Parifiis, 1685. in fol. cart. m. mar. r.*

94 Miffel de Paris, par ordre de M. de Noailles. *Paris, Defaint, 1727. 2 vol. in 12. mar. r.*

95 Miffel de Paris latin - françois. *Paris, 1739. 4 vol. in 12. mar. r.*

96 Hymni Sacri. *Parifiis, Coignard, 1723. in 8. mar. r.*

97 Profæ è Miffali Parifienfi extractæ.

98 Breviarium Colbertinum. *in 8. mar. r.*

99 L'Année Chrétienne, par M. le Tourneur. *Paris, 13 vol. in 12. mar. r.*

100 Office pour tous les jours du mois. *Paris, 1728. 4 vol. in 12. mar. r.*

101 Heures à l'ufage de Lyon. *Paris, Simon Voftre, in 8. goth. v. f.*

102 Heures à l'ufage de Bezançon. *Paris, Simon Voftre, in 8. goth. mar. r.*

103 L'Office de la Vierge. *Paris, Metayer, 1586. in 4. mar. v. à comp.*

104 L'Office de l'Eglife & de la Vierge en latin & en françois. *Paris, 1651. in 8. mar. r.*

105 Office de l'Eglife. *Paris, le Petit, 1686. in 12. mar. verd.*

106 L'Office de l'Eglife en latin & en françois. *Paris, de Hanfy, 1717. in 12. mar. verd.*

107 Les Prieres de l'Ecriture Sainte avec l'Office de l'Eglife en latin & en françois, dédiés à Madame de Maintenon. *Paris, Pralard, 1688. in 12. mar. bleu.*

108 L'Office de la Vierge en latin & en françois, dédié à Madame la Dauphine. *Paris, Joffet, 1697. in 8. v. b. d. f. t.*

109 L'Office de la Semaine Sainte en latin & en françois. *Paris, le Petit,* 1674. *in* 16. *mar. r.*

110 Office de la Semaine Sainte latin & françois. *Paris,* 1708. *in* 8. *mar. r.*

111 L'Office de la Quinzaine de Pasque latin-françois. *Paris,* 1739. *in* 12. *mar. r.*

112 La Passion de Nôtre Seigneur, & les actions du Prêtre à la sainte Messe représentées en figures par Sebastien le Clerc. *Paris,* 1729. *in* 12. *v. f.*

113 De nocte & nocturnis Officiis.

114 L'Office de S. Louis. *in* 8. *mar. r.*

115 Livre de Prieres à l'usage de Messieurs les Chevaliers de l'Ordre de S. Michel. *Paris,* 1730. *in* 16. *mar. noir.*

116 Heures Latines très-anciennes manuscrites, sur velin avec miniatures. *in* 4. *r. en bois.*

117 Heures manuscrites sur velin. *in* 4. *mar. noir.*

118 Heures manuscrites sur velin avec miniatures. *in* 8. *mar. r.*

119 Office de la Vierge MS. sur velin, avec de très-belles miniatures. *in* 8. *relié en chagrin avec des fermoirs d'argent.*

120 Le véritable esprit & le saint emploi des Fêtes solemnelles de l'Année. *Paris,* 1712. *in* 12. *v. br.*

CONCILES.

121 Conciliorum collectio maxima studio & opera Jo. Harduini F. J. *Paris. è Typographia Regia,* 1715. 12 *vol. in fol. c. m.*

122 Le Concile de Trente, traduit de Latin en François par Hervet. *Rheims,* 1677. 2 *vol. in* 16. *mar. r.*

123 Revision du Concile de Trente, contenant les Nullités d'icelui, les Griefs des Rois & Princes Chrétiens de l'Eglise Gallicane, & autres Catholiques, *in* 8. 1600. *v. f.*

124 Ewardi Brown fasciculus rerum expetendarum. *Londini,* 1690. 2 *vol. in-fol.*

SAINTS PERES,
Grecs & Latins.

125 S. Cypriani Opera ad MSS. codices recogni‑
ta & notis illustrata studio Steph. Baluzii, cum
Præfatione & Vita S. Cypriani. *Parisiis, è Ty‑*
pogr. Regia, 1726. *in-fol. c. m.*

126 Lucii Cæcilii Lactantii de mortibus persecuto‑
rum studio & opera Nicolai Lenoury. *Parisiis,*
1710. *in* 8. *v. f.*

127 S. Hilarii Pictaviensis Episcopi opera omnia, ex
Editione Monachorum, Ordinis Sancti Benedicti.
Parisiis, 1693. *in fol.*

128 S. Optati Milevitani Episcopi opera, ex Edit.
Gabr. Alba-spinæi. *Parisiis,* 1676. *in fol. c. m.*
m. r.

129 S. Athanasii opera, Gr. & Lat. studio Mona‑
chorum, Ordinis Sancti Benedicti Edita. *Pari‑*
siis, Typis Regiis, 3 *vol. in fol.*

130 Collectio SS. Patrum, Gr. & Lat. studio Ber‑
nardi de Montfaucon. *Parisiis,* 2 *vol. in fol.*

131 S. Basilii Magni opera, Gr. & Lat. *Parisiis,*
1638. 3 *vol. in fol. v. f.*

132 S. Ambrosii Mediolanensis Episcopi opera stu‑
dio & labore Monachorum, Ord. S. Benedicti.
Parisiis, 1688. 2 *vol. in fol.*

133 Divi Hieronimi opera. *Antverpiæ,* 1579. *ex of‑*
ficina, Plantiniana, 5 *vol. in fol. mar. r.*

134 Eadem, ex Editione Monachorum, Ordinis San‑
cti Benedicti. *Parisiis,* 1693. 5 *vol. in fol.*

135 S. Aurelii Augustini Hipponensis Episcopi ope‑
ra, studio Monachorum, Ord. S. Benedicti. *Pari‑*
siis, Muguet, 1679. 8 *vol. in fol. v. f.*

136 Sancti Augustini opuscula quædam selecta. *Lug‑*
duni, 1673. *in* 12. *v. br.*

137 Les Confessions de Saint Augustin, traduites en

François, par M. Arnaud Dandilly. *Paris, le Petit, 1649. in 12. mar. r.*

138 Les mêmes, de la traduction & avec les Notes de M. du Bois. *Paris, 1686. in 8. mar. r.*

139 Deux Traités de Saint Augustin, de la Prédestination des Saints & du Don de la Perseverance. *Paris, in 12. mar. r.*

140 Saint Augustin, de la maniere d'enseigner les Principes de la Religion. *Paris, 1678. in 12.*

141 Les Lettres de Saint Augustin, traduites en François, par M. du Bois. *Paris, 1684. 6 vol. in 8. v. f.*

142 S. Gregorii magni opera. *Parisiis, è Typographia Regia, 1705. 4 vol. in fol.*

143 Hincmari Archiepiscopi. Rhemensis opera. *Paris, 1645. 2 vol. in fol. c. m. v. f.*

144 Poëme de Saint Prosper contre les Ingrats. *Paris, 1679. in 12. v. f.*

145 Dacheri Spicilegium. *Paris, 13 vol. in 4.*

THEOLOGIENS.

I.

Théologie Scholastique.

146 RE'FUTATION du Système de Faydit sur la Trinité, par le Pere Hugo. *Luxemb. 1699. in 8. v. f.*

147 Réponse à l'Apologie du Système de l'Abbé Faydit sur le Mystere de la Trinité. *Paris, 1702. in 8. v. f.*

148 De l'Action de Dieu sur les Créatures; Traité dans lequel on prouve la Prémotion Physique par le raisonnement. *Paris, 1713. 6 vol. in 12. v. f.*

149 Réfutation d'un Livre, intitulé : De l'Action de Dieu sur les Créatures. *Paris*, 1714. *in* 12.

150 Réfutations sur la Prémotion Physique, par le Pere Mallebranche. *Paris*, 1715. *in* 12.

151 Scelta de Miracoli è Grazie della Santissima. Nunziata difirenze, *infirenze*, 1619. *in* 8. *v. f. d. f. t.*

152 Mystica Ciudad de Dios, milogro de su omnipotentia y abismo de la Gratia. *En Perpiniani*, 1690. 4 *vol. in* 8. *v. f.*

153 La Cité Mystique de Dieu; miracle de la toute-Puissance à la Sœur Marie de Jesus d'Agreda, *Bruxelles*. 1715. 3 *vol. in* 4. *v. f.*

Traités des Sacremens de l'Eglise.

154 Instructions Chrétiennes sur les Sacremens & sur les Cérémonies avec lesquelles l'Eglise les administre. *Paris*, 1686. *in* 12. *mar. bl.*

155 La Fréquente Communion de M. Arnauld. *Paris, Vitré, in* 4. 1643.

156 Tradition de l'Eglise sur la Pénitence. *Paris, Vitré*, 1644. *in* 4.

157 Traité de Pénitence, par M. Hamond. *Paris*, 1737. *in* 12. *v. br.*

158 Instructions sur la disposition qu'on doit apporter aux Sacremens de Pénitence & d'Eucharistie. *Paris*, 1676. *in* 12. *mar. r. lav. & reg.*

159 La Science des Confesseurs, par Grancolas. *Paris*, 1697. *in* 12. *mar. r.*

160 Examens Particuliers sur divers sujets propres aux Ecclésiastiques. *Lyon*, 1690. 2 *vol. in* 12. *mar. r.*

161 Les Motifs de la Suspension de la Coupe. *Paris*, 1683. *in* 12.

162 Poëmes contenant la Tradition de l'Eglise sur le Très-Saint Sacrement d'Eucharistie, par M. le Maître de Sacy. *Paris*, 1695. *in* 4.

163 Regles Chrétiennes établies fur les Maximes de J. C. & de l'Eglife pour vivre faintement dans le Mariage. *Paris*, 1683. *in* 12. *v. f.*

164 Conférences Eccléfiaftiques de Paris fur le Mariage. *Paris*, 1713. 4 *vol. in* 12. *mar. r.*

165 Confidérations fur les droits par lefquels la nature a reglé les Mariages, par Moïfe Amirault. *Saumur*, 1648. *in* 8. *v. f.*

Traités Théologiques des Quatre dernieres Fins de l'Homme.

166 Traité de Piété fur les avantages de la Mort Chrétienne, par le Pere Chauchemer. *Paris*, 1707. 2 *vol. in* 12. *mar. r.*

167 Confidérations contre les Frayeurs de la Mort, par Drelincourt. *Amft.* 1699. *in* 8. *v. f.*

168 Traité de la Mort & de fa Préparation, par l'Abbé Pelletier. *Paris*, 1740. *in* 12. *mar. r.*

169 Traités des Récompenfes & des Peines Eternelles, tirés des Livres Saints, par M. l'Abbé le Pelletier. *Paris*, 1738, *in* 12. *mar. r.*

II.

Théologie Dogmatique & Morale.

170 Dionii Petavii Dogmata Theologica. *Parifiis*, 1644. 3 *vol. in fol. c. m.*

171 Inftitutiones Theologicæ antiquorum Patrum. *Roma* 1699. 3 *vol. in* 8.

172 Theologia Moralis juffu & autoritate Epifcopi Petrocorienfis ad ufum fui Seminarii. *Parifiis*, 1695. 4 *vol. in* 12. *mar. r.*

173 Theologia Dogmatica & moralis ad ufum Seminarii Catalaunenfis. *Paris*, 1722. 7 *tom. en* 8 *vol. in* 12. *mar. r.*

174 Compendium Theologiæ Dogmaticæ & Mo-

ralis ad ufum Seminarii Catalaunenfis. *Parifiis*, 1714. *in* 12. *mar. r.*

175 Défenfe de l'Auteur de la Théologie du Séminaire de Châlons. *Paris*, 1711. *in* 12. *mar. r.*

176 Réponfe du même à un Libelle intitulé : Suite de la Dénonciation de la Théologie de M. Habert. *Paris*, 1712. *in* 12. *mar. r.*

177 Diſſertationes duæ critico Theologicæ, Auctore Ludovico Roger. *Paris*, 1713. *in* 12. *mar. r.*

178 Difcours & Méditations compofés par ordre de M. l'Evêque de Perigueux. *Paris*, 1699. 2 *vol. in* 12. *mar. r.*

179 Inftruction Paftorale de M. l'Archevêque de Paris. *Paris*, *Joſſe*, 1697. *in* 4. *mar. r.*

180 Eclairciſſement fur le Légitime Commerce des Intérêts, par le Pere de Colonia. *Lyon*, 1676. *in* 8.

181 Traité du Négoce & de l'Ufure, par le Pere Thomaſſin. *Paris*, 1697. *in* 12. *mar. r.*

182 Traité des Ufures avec permiſſion, 1590. *in* 12.

183 Décifion faite en Sorbonne, touchant la Comédie. *Paris*, 1694. *in* 12.

III.

Théologie Catechetique ou Inftructive.

184 Le Catéchifme du Concile de Trente. *Paris*, 1678. *in* 12. *mar. r.*

185 Petri Caniſii Inftitutiones Chriftianæ. *Antuerpiæ*, *Plantinus*, 1589. *in* 12. *mar. r.*

186 Inftructions du Chrétien, par le Cardinal de Richelieu. *De l'Imprimerie Royale.* 1642. *in fol.*

187 Catechifmus Hiftoricus, Autore Cl. Fleury. *Bruxellis*, 1705. *in* 12. *mar. r.*

188 Catechifme Hiftorique, par M. Fleury. *Paris*, 1720. *2 vol. in* 12. *fig. v. br.*

189 Abrégé de la Doctrine Chrétienne en Catalan

& François. *Perpignan*, 1697. *in* 16. *mar. r.*

190 Catéchisme, ou Abrégé de la Doctrine Chrétienne, de Harman-Bazin de Besons, Archevêque de Bordeaux. *Bordeaux*, 1706. *in* 12. *mar. r.*

191 The Galway, Catéchisme bi F. Kynny. *Paris*, 1725. *in* 12. *v. br.*

I V.

Homélies, Sermons & Panégyriques.

192 Clementis XI. Pontificis maximi Homeliæ in Evangelia. *Romæ*, 1722. *in fol.*

193 Le Omelie ed Orazioni, di Clemente XI. *In Venesia, in* 8. 1714. *v. f.*

194 Homélies sur les Evangiles & sur les Mysteres de N. S. par Monmorel. *Paris*, 1710. 10 *vol. in* 12. *mar. r.*

195. Sermons, Panégyriques & autres Oeuvres de Birouat, *Paris* 1668. 12 *vol. in* 8.

196. Sermons pour le Carême, par le P. Girou, *Paris* 1724. 3 *vol. in* 12 *maroq. r.*

197. Sermons du P. Bourdaloue, *Paris, Rigaud* 1707. 14 *vol. in* 8. *maroq. r.*

198. Les mêmes, *Anvers*, 1713. 8 *vol. in* 12 *mar. r.*

199. Sermons du P. Massillon, *Trevoux* 1714. 5 *vol. in* 12 *v. f.*

200. Sermons du P. de la Ruë, *Paris* 1719. 4. *vol. in* 8 *mar. cit.*

201. Sermons du P. Hubert de l'Oratoire, *Paris* 1725. 6 *vol. in* 12 *mar. r.*

202. Sermons du P. Cheminais, *Paris* 1702. 1729. 5 *vol. in* 12 *maroq. cit. & v. f.*

203. Sermons pour le Carême, par le P. Dufay, *Lyon* 1738. 4 *vol. in* 12. *v. marb.*

204. Sermons sur divers textes, de Jacquelot, *Amst.* 1720. *in* 8 2 *vol. v. f.*

205. Sermons nouveaux, sur l'Histoire & la Passion de notre Seigneur, & sur des sujets qui y ont rapport, par Jacques Saurin, *Roterdam* 1732. 2 *vol. in* 8 *v. b.*

206. Panégyriques des Saints, par l'Abbé Anselme, *Paris* 1718. *in* 8, *3 vol. v. f.*

207. Oraisons funébres de Flechier. *Paris,* 1691. *in* 12.

208. Les Caractéres des Prédicateurs, en Vers, par M. Boyer, *Paris* 1695. *in* 12.

V.

Théologie Ascetique ou Mystique.

209. Imitatio Christi è *Typographiâ regiâ, in fol. mar. bl,*

210. L'Imitation de Jesus-Christ, *Paris, Savreux* 1667. *in* 12 *mar. r.*

211. L'Imitation de Jesus-Christ en Vers François, par Pierre Corneille, *Paris* 1670. *in* 16 *maroq. verd.*

212. L'Imitation de la Vierge, mere de Dieu, par M. Bastide. *Paris,* 1713. *in* 12 *mar. r.*

213. Essais de Morale de M. Nicole. *Paris, Desprez* 1682. 4 *vol. in* 12. *mar. cit.*

214. Les mêmes. *Paris,* 1701. 4 *vol. in* 12.

215. Instructions sur le premier Commandement du Decalogue, par M. Nicole. *Paris,* 1709. 2 *vol. in* 12 *v. mar. d. s. t.*

216. Instructions Theologiques sur les Sacremens, par le même. *Paris,* 1700. 2 *vol. in* 12, *maroq. rou.*

217. Commentaire affectif sur le grand précepte de l'amour de Dieu, par le P. Avrillon. *Nancy,* 1718. *in* 12 *mar. r.*

218. La Theologie de l'amour, ou la vie & les Oeuvres de Sainte Catherine de Gênes. *Cologne,* 1691. *in* 12.

B

219. Examen de la Theologie myſtique. *Paris, 1652. in 12.*

220. Lettres Chrétiennes & ſpirituelles de M. de Sacy. *Paris, 1690. 2. vol. in 8, veau marbré, d. ſ. t.*

Traités de la perfection Chrétienne & de la pratique des vertus.

221. Livre très-bon, plaiſant & ſalutaire de l'inſtitution de la femme Chrétienne ; auſſi de l'office du mari, traduit du Latin de Louis Vives, par le P. de Changy. *Paris, 1543. in 12, lavé, reglé, mar. r.*

222. De l'abus des Nudités de Gorge. *Paris, 1677. in 12.*

223. Le Chancre ou Couvre-Sein feminin, enſemble le Voile, ou Couvre-Chef feminin. *Douay, 1635. in 8, v. f.*

224. Remontrances aux Dames & Demoiſelles, ſur leurs ornemens diſſolus. *Paris, 1581. in 8 mar. verd.*

225. Traité de l'Amour du ſouverain bien. *Paris, 1699. in 12.*

226. De la charité envers les pauvres Enfans trouvés. *Paris, 1706. in 16. mar. r.*

227. Lecture Chrétienne ſur les obſtacles du ſalut, dans toutes les conditions de la vie, traduite de l'Italien du P. Pinamonti. *Paris, 1727. in 12, v. b.*

228. Traité des ſources de la corruption qui regne aujourd'hui parmi les Chrétiens. *Amſterdam, 1700. in 12.*

229. Paralelle des mœurs de ce Siécle & de la morale de Jeſus-Chriſt, par le P. Croiſet. *Paris, 1727, 2 vol. in 12.*

230. De la plus ſolide, la plus neceſſaire, & ſouvent la plus negligée de toutes les devotions, par J.

B. Thiers. *Paris* 1703. *2 vol. in* 12.

231. Traité de l'aumômne, par Jean la Placette. *Amsterdam*, 1699. *in* 12, *v. f.*

232. Traité contre l'impureté, par J. F. Ostervald. *Amsterdam*, 1712. *in* 12, *v. f.*

233. De l'éducation Chrétienne des enfans. *Paris*, 1667. *in* 12, *maroq. r.*

234. Les Charmes de la societé du Chrétien. *Paris*, 1730. *in* 12.

235. Instruction Chrétienne pour faire un saint usage des afflictions. *Paris*, 1721. *in* 16, *mar. r.*

236. Traité des Dispenses de Carême. *Paris*, 1710. *2 vol. in* 12, *v. f.*

Exercices de Piété, Méditations, &c.

237. La vraye & solide piété expliquée par Saint François de Sales. *Paris*, 1729. *in* 8, *v. brun.*

238. Traité d'Oraison Chrétienne, par Arnault Sorbin. *Paris, Chaudiere*, 1567. *in* 8, *mar. verd, à compartimens.*

239. Traité de la confiance en la miséricorde de Dieu, par M. Languet, Evêque de Soissons. *Paris*, 1720. *in* 12, *v. brun.*

240. Traité de la priere continuelle, par M. Hamon. *Paris* 1739. *2 Tomes en* 1 *vol. in* 12.

241. Traité sur la priere publique. *Paris* 1707. *in* 12, *v.*

242. Le même 7e. Edit. *Paris*, 1713. *in* 12, *v.*

243. La morale du nouveau Testament, partagée en réflexions Chrétiennes pour chaque jour de l'année. *Paris*, 1722. *4 vol. in* 12, *v. brun.*

244. Prieres & instructions Chrétiennes, par le P. Sanadon. *Paris*, 1727. *in* 12.

245. Instructions Chrétiennes sur les afflictions. *Paris*, 1721. *2 vol. in* 16, *mar. r.*

246. Explication des Commandemens de Dieu. *Paris*, 1694, *2 vol. in* 12, *mar. r.*

247. Conduite pour passer saintemenr le Carême, par le P. Avrillon Minime. *Nancy*, 1720. *in* 12, *maroq. r.*

248. L'Esprit de l'Eglise dans l'usage des Pseaumes, en forme de Prieres, *Paris* 1697. *in* 12, 2 *vol. lavé, reglé, mar. r.*

249. Méditations sur l'Histoire & la concorde des Evangiles. *Bruxelles*, 1673. 2 *vol. in* 12, *mar. viol.*

250. Méditations de Louis du Pont. *Châlons*, 1712. 4 *vol. in* 12, *mar. r.*

251. Considérations Chrétiennes pour tous les jours du mois. *Paris* 1692. *in* 12, *maroq. r.*

252. Instructions sur tous les Mystéres de N. S. Jesus-Christ. *Paris* 1706. 3 *vol. in* 12, *mar. r.*

253. Méditations sur les Mystéres de la Foy, & sur les Epîtres & Evangiles. *Paris, Maziere*, 1718. 4 *vol. in* 12 *v. brun.*

254. Station de la Passion de N. S. Jesus-Christ. *Paris*, 1725. *in* 12, *mar. r.*

Quiétisme.

255. Le Quiétisme ou les illusions de la nouvelle Oraison de Quiétude, 1687. *in* 12.

256. Récueil de Piéces concernant le Quiétisme, les Quiétistes & Molinos. *Amsterdam*, 1688. *in* 8.

257. Le Quiétisme contraire à la Doctrine des Sacremens, par le sieur Grancolas. *Paris*, 1695. *in* 12.

258. Dialogues Posthumes de M. de la Bruyere, sur le Quiétisme. *Paris* 1699. *in* 12, *mar. r.*

259 Divers Ecrits ou Mémoires sur le Livre intitulé : *Explication des Maximes des SS.* par M. de Meaux. *Paris*, 1698. *m. r.*

260 Réponse de M. l'Archevêque de Cambray à

M. de Meaux. *Bruxelles*, 1698.

261 Les véritables Maximes des SS. fur l'Amour de Dieu. *Paris*, 1699. *in* 12. *m. r.*

262 Lettre à M. l'Archevêque de Paris, fur fon Inftruction Paftorale, du 27 Octobre 1697.

263 Réponfe de M. de Cambray à M. l'Archevêque de Paris, au fujet du Livre des Maximes des Saints, 1698. *in* 12.

264 Autre Réponfe du même, *in* 12.

265 Recueil de Lettres concernant les Maximes des Saints, tant en Profe qu'en Vers, *in* 8. 1699. *mar. r.*

266 Premiere Lettre de M. l'Archevêque de Cambray à M. de Meaux.

267 Lettre à M. l'Evêque de Chartres.

268 Inftitutio Paftoralis Archiepifcopi Parifienfis, de perfectione Chriftiana & vita interiore. *Parifiis*, 1698. *in* 8. *m.*

269 Inftruction Paftorale de M. Cambray. *Lyon*, 1698. *in* 12.

270 Lettre d'un Eccléfiaftique de Flandres à un de fes amis, contre M. de Cambray. *Liege*, 1698. *in* 12.

271 Relation fur le Quiétifme, par M. de Meaux. *Paris*, 1698. *in* 8.

272 Réponfe à la Relation du Quiétifme.

273 La Pratique de la Vraye Théologie Myftique. *Liege*, 1702. 2 *vol. in* 12. *v. f.*

274 Pratique de la Dévotion, ou Traité de l'Amour Divin. *Rotterd.* 1700. 2 *vol. in* 12. *v. f.*

275 La Théologie du Cœur. *Cologne*, 1697. 2 *vol. in* 12. *v. f.*

276 Difcours Chrétiens fur divers fujets qui regardent la vie intérieure. *Cologne*, 1716. 2 *vol. in* 12. *v. f.*

277 Traité Hiftorique contenant le Jugement d'un Proteftant (Jurieu) fur la Théologie Myftique & fur le Quiétifme, 1700. *in* 12.

278 Le Christianisme Eclairci au sujet du Quiétisme. *Amst.* 1700. *in* 12.

279 Histoire du Quiétisme ou de ce qui s'est passé à Dijon au sujet du Quiétisme. 1703. *in* 4.

VI.

Théologie Polemique.

280 Apologetique de Tertullien. *Paris,* 1636. *in* 8. *mar. r.*

281 Traité de la Vérité de la Religion Chrétienne, traduit de Grotius. *Paris,* 1724. *in* 12.

282 Traité de la Vérité de la Religion Chrétienne, par Abbadie. *Rotterd.* 1684. 2 *vol. in* 8.

283 Le même. *Rotterd.* 1688. 2 *vol. in* 12. *mar. r.*

284 Pensées de Pascal. *Paris, Desprez,* 1670. *in* 12 *mar. viol.*

285 Les mêmes. *Amst.* 1688. *in* 12. *v. f. d. f. t.*

286 La Religion Chrétienne démontrée par la Résurrection de N. S. J. C. traduite de l'Anglois. *Paris,* 1729. *in* 4.

287 La Religion Chrétienne démontrée par les faits, par l'Abbé Houteville. *Paris,* 1722. *in* 4.

288 Examen de la Religion prouvée par les faits, de l'Abbé Houtteville, par l'Abbé des Fontaines. *Paris,* 1722. *in* 12.

289 Théologie Astronomique, ou Démonstration de l'Existence de Dieu, traduit de l'Anglois. *Paris,* 1729. *in* 8. *v. f.*

290 L'Existence de Dieu démontrée par les Merveilles de la Nature. *Paris,* 1725. *in* 4.

291 Traité de l'Origine & Perfection de la Religion Chrétienne. *Châlons,* 1696. *in* 16. *v. br.*

292 Exposition des Preuves les plus sensibles de la veritable Religion, par le Pere Buffier. *Paris,* 1632. *in* 12. *v. br.*

293 Méthode courte & facile pour discerner la véri-

table Religion d'avec les fausses. *Paris*, 1731.
in 12. *v. f.*

294 Le Triomphe de la Catholicité. *Paris*, 1732,
in 12. *v. br.*

295 Histoire Dogmatique de la Religion, par
Claude Sommier. *Paris*, 1708. *2 vol. in* 4.
mar. r.

296 Table des Passages Choisis tirés des Saintes
Ecritures contre les Protestans, *in* 8. *v. f. d. s. t.*

297 Traité de l'Excellence de la Religion, par
Jacques Bernard. *Amsterd.* 1732. *2 vol. in* 12.
v. f.

298 { La Morale de l'Evangile, traduite de l'An-
glois, 1698.
Que la Religion Chrétienne est très - rai-
sonnable. *Amst.* 1698. *v. f.*

299 Histoire des Variations des Eglises Protestan-
tes, par Jacques-Benigne Bossuet. *Paris*, Cra-
moisi, 1688. *2 vol. in* 4.

300 Histoire des Variations de l'Eglise Gallicane,
par D. B. Renoult. *Amst.* 1703. *in* 8.

301 Difficultés proposées à Stejaert, par M. Arnauld.
Cologne, 1692. *5 vol. in* 12.

302 { Le Véritable Esprit des Nouveaux Disciples
de Saint Augustin. *Bruxelles*, 1705. *3 vol.
in* 12.
Suite du Véritable Esprit des Disciples de
Saint Augustin. *Ibid*, 1707. *in* 12.

303 Traité de la Maniere d'examiner les différends
de la Religion, par le Vassor. *Amst.* 1697. *in* 8.

304 Les Deux Voyes opposées en matiere de Reli-
gion, par Papin, Ministre converti. *Liege*, 1713.
in 12. *v. f.*

305 Le Témoignage des Protestans en faveur de la
Religion Catholique, par le sieur Sorel, Ministre
converti. *Paris*, 1671. *in* 8. *v. f.*

306 Le Vrai Bouclier de la Foi, mis par Dialogue
1562. *in* 12. *mar. viol.*

307 Généalogie & Fin des Huguenots, & Découverte du Calvinisme. *Lyon*, 1571. *in* 12. *mar. verd.*

308 Le Tombeau des Hérétiques. *Caën*, 1599. *in* 12.

309 Disputes & Conférences tenues à Paris en 1566. entre deux Docteurs & deux Miniſtres. *Anvers*, 1566. *mar. viol.*

310 Les Artifices des Hérétiques. *Paris*, *Lameſle*, 1726. *in* 12. *v. br.*

311 Le Vrai & le Faux Proteſtant rappellés à leurs Principes. *Paris*, 1700. *in* 12.

312 La vraie & la fauſſe Religion, entre un Religieux & un Proteſtant. *Paris*, 1727. *in* 12.

313 Le Combat des deux Clefs, ou la Défenſe du Miroir de la Piété Chrétienne. 1718. *in* 12. *v. f.*

314 Entretiens ſur les différentes méthodes d'expliquer l'Ecriture, & de prêcher parmi les Coceciens & les Voetiens. *Amſt.* 1707. *in* 12.

315 Le Nouvel Athéïſme renverſé, ou Réfutation du Syſtême de Spinoſa. *Paris*, 1696. *in* 12. *maroquin r.*

VII. *Hétérodoxes.*

Calviniſtes, Sociniens, Juifs, & Mahometans.

316 Calvini Inſtitutiones. *Geneva*, *Rob. Stephani*, 1559. *in fol.*

317 Volkelius de verâ Religione, & Crellius, de Deo & ejus attributis, de Deo uno Patre. *Lugd. Bat.* 1640. *in* 4.

318 Bibliotheca Fratrum Polonorum. *Irenopoli*, 1656. 12 *vol. in fol.*

319 Beverland Peccatum originale. *in* 12. *maroquin r.*

320 Etat de l'Homme dans le Péché Originel. 1714. *in* 8. *lavé, reglé, m. r. à compartiment.*

321   Theologia Judæorum , autore Josepho de Voi-
sins. *Parif. Henault , in* 4. *maroq. r. comparti-
mens.*

322   Mischna, five totius Hebræorum Juris Rituum,
Antiquitatum , ac Legum Syftema. *Amft.* 1698.
6 vol. in fol.

323   Theod. Bibliandri Machumetis ejufque fuccef-
forum Vitæ , Doctrinæ , ac ipfe Alcoranus *Ti-
guri.* 1650. *in fol.*

JURISPRUDENCE.

DROIT CANONIQUE.

324 Ollectio Conſtitutionum brevium & ordinationum Innocentii Papæ XII. *Romæ, 1697. in fól. v. f.*

325 'Praxis Epiſcopalis. *Coloniæ Agrippinæ, 1680. 2 vol. in 4.*

326 Réfléxions ſur la Décretale d'Innocent III. pour l'Election du Patriarche de Conſtantinople. *Paris, 1689. in 8.*

327 Le Songe du Vergier. *in folio, MS. ſur velin, avec miniatures.*

328 Lud. Thomaſſini Diſciplina Eccleſiæ circa beneficia. *Pariſ. in fol. 3 vol.*

329 Taxe de la Chancellerie Romaine. *Londres, 1701. in 8. v. br.*

330 Traité des Edits ſur l'unité des Egliſes, par le Pere Thomaſſin. *Paris, de l'Imprimerie Royale, 1703. 3 vol. in 4.*

331 L'explication de l'Edit de Nantes, par M. Soulier. *Paris, 1688. in 8. v. f.*

332 Mémoires ſur la prétenduë Déclaration de l'Univerſité de Helmſtad. *Rott. 1710. in 8. v. f.*

333 Arrêt du Parlement de Bordeaux, ſur l'état de ceux qui ſont congediés de la Société des Jeſuites. *Bordeaux, 1697. in 12.*

DROIT CIVIL.

334 Corpus Juris Civilis. *Amsterd. Elzevir*, 1664. 2 *vol. in* 8. *mar. r.*

335 Les Loix Civiles dans leur ordre naturel, avec le Droit public. *Paris*, 1701. 5 *vol. in* 4.

336 Stile universel pour l'instruction des Matieres Civiles & Criminelles, par le Sieur Gauret. *Paris*, 1715. 2 *vol. in* 4.

337 Ordonnances des Rois de France, recueillies par M. de Lauriere. *Paris, de l'Imprimerie Royale*, 1723. 2 *vol. in fol.*

338 Conférences des Ordonnances de Louis XIV. avec les anciennes Ordonnances du Royaume, par M. Philippe Bornier. *Paris*, 1729. 2 *vol. in* 4.

339 Recueil des Ordonnances de Louis XIV. de 1667. 1669. 1670. & 1673. *Paris, in* 4.

340 Ordonnances de Louis XIV. sur le fait des Eaux & Forêts, du mois d'Août 1669. *Paris*, 1670. *in* 12. *v. f.*

341 Recueil des Edits, Ordonnances & Déclarations sur les Mariages, depuis Henry II. *Paris*, 1700. *in* 8.

342 Recueil des Edits, Déclarations & Réglemens concernant les Arts & Métiers de Paris. *Paris*, 1701. *in* 8. *v. br.*

343 Compilation Chronologique contenant le Recueil des Ordonnances des Rois de France, par M. Blanchart. *Paris*, 1715. 2 *vol. in fol. v. f.*

344 Coutume de Paris, par M. C. de Ferriere. *Paris*, 1714. *in fol.* 4 *vol.*

345 Nouveau Commentaire sur la Coutume de Paris, par M. Daramon. *Paris*, 1728. 2 *vol. in* 8.

346 Commentaire général sur la Coutume de Bourgogne, par Taisand. *Dijon*, 1698. *in fol.*

347 La Coutume du Duché de Bourgogne, enrichie des Remarques de MM. Philippe de Villiers, Jean de Pringles, & Jean Guillaume. *Dijon, Defay*, 1717. *in* 4.

348 Exposition des Coutumes sur la largeur des Chemins. *Paris*, 1686. *in* 12.

349 Traité du Droit de Voirie, par Girard Mellier. *Paris*, 1709. *in* 12. *v. br.*

350 Nouveau Recueil pour les Saisies réelles. *Paris*, 1705. *in* 8.

351 Traité de la Police, par le Commissaire Lamare. *Paris*, 1705. *& suiv.* 3 *vol. in fol.*

352 Dictionnaire des Arrêts, par Brillon. *Paris*, 1726. 6 *vol. in fol.*

353 Plaidoyers de Olivier Patru. *Paris*, 1714. *in* 4.

354 Procès du Pere Girard, ou Recueil complet des Factums & Memoires produits par le Pere J. B. Girard & la Demoiselle Cadiere. *Paris*, 2 *vol. in fol.*

SCIENCES ET ARTS.

PHILOSOPHIE.

355   Hilosophie de Gassendi. *Lyon,*
1678. in 12. 7 vol. v. m.

356   Recueil de quelques Pieces curieu-
ses concernant la Philosophie de M.
Descartes. *Amst. 1684. in 16. v. f.*

I.

Logique & Morale.

357   Aristotelis Ethica , Politica & Economica.
Item Theophrasti Charracteres Græce. *in 4. 2 v.*

358   Les Caracteres de Théophraste. *Paris ,* 1700.
in 12. 2 vol.

359   La Logique , ou l'Art de penser. *Paris ,* 1683.
5e. *édition, in 12 v. f.*

360   L'Art de se connoître, par Abbadie. *Rotterdam.*
1692. *in 12. m. bl.*

361   De la Connoissance de soi-même, par le P. La-
mi Bénedictin. *Paris,* 1694. *in 12. 5 vol. m. r.*

362   De la Sagesse, par Pierre Charron. *Paris,* 1604.
in 12. 2 vol.

363   De l'Heur & du Malheur du Mariage. *Paris,*
1571. *in 12. m. r.*

364   Le Mépris de la Cour , avec la Vie Rustique.
Paris, Galiot du Pré, 1584. *in 16. m. viol.*

I I.

Politique.

365   Le Corps Politique , ou les Elémens de la Loi morale & civile , par Thomas Hobbes. *Leyde , Elzeviers , 1653. in 16. velin.*

366   Le Livre de la Police Humaine. *Paris , 1550. in 12. m. r. à comp.*

367   Traité de la Société Civile ; par le P. Bufier. *Paris , 1726. in 12.*

368   Discours Politiques & Militaires du Seigneur de la Noue. *Basle , 1587. in 8. v. f. d. f. t.*

369   Idea Principis Christiano politici Symbolis expressa à Didaco Savedra. *Amst. 1660. in 16.*

370   Hieron , ou Portrait de la Condition des Rois, par Xenophon, en Grec & en François, de la traduction de M. Coste. *Amsterdam , 1711. in 12. v. f.*

371   La Pratique de l'Education des Princes , par M. Varillas. *Paris , 1684. in 4.*

372   De l'Education d'un jeune Seigneur. *Paris , Jacques Estienne , 1728. in 12. rel. v.*

373   Institution d'un Prince, par M. l'Abbé du Guet. *Londres , (Rouen.) 1740. 4 vol. in 12. v. br.*

374   Le Regime des Princes, translaté de latin en françois à la requête de M. le Comte d'Angoulesme, Charles I. de ce nom. *In fol. M. S. fur velin , avec miniatures. m. viol.*

375 .   Le Politique Dom Ferdinand le Catholique, traduit de l'Espagnol de Balthazard Gracian, avec des notes. *Paris , 1732. in 12. v. b.*

376   De la Puissance légitime du Prince sur le Peuple, & du Peuple sur le Prince , traduit du latin d'Estienne Junius Brutus. *1581. in 8. m. r.*

377   Le Courtisan de Baltazar Castillon. *Paris , Corrozet , 1549. m. b. à comp.*

378 L'Homme de Cour, traduit de l'Espagnol de Balthazar Gratian, par le Sieur Amelot de la Houssaye, avec des notes. *Paris, Boudot*, 1684. *in* 4.

379 Le même. *Paris*, 1690. *in* 12. *v. f.*

380 L'Homme Universel, de BaltazarGratian. *Paris*, 1673. *in* 12.

381 L'Homme Détrompé, ou le Criticon de Baltazar Gracian. *La Haye*, 1725. *in* 12. 3 *vol. v. f.*

382 Description de l'Isle d'Utopie, trad de l'Anglois de Thomas Morus par Budé. *Paris, Langelier*, 1550. *in* 8.

383 Essais Philosophiques sur le Gouvernement Civil. *Londres*, 1721. *in* 12.

384 Le Parfait Ambassadeur, traduit de l'Espagnol. *Leyde*, 1709. 2 *vol. in* 12. *v. f.*

385 Jo. Jac. Chiffletii Opera politico-historica, ad pacem publicam spectantia. *Ant.* 1650. *in fol.* 2 *vol. car. m.*

I I I.

Métaphysique.

386 La Recherche de la Vérité, par le P. Malbranche. *Paris*, 1700. 3 *vol. in* 12.

387 Joannis Lokii, de Intellectu Humano, Libri quatuor. *Lipsiæ*, 1709. *in* 8. *v. br.*

388 Pensées diverses sur la Comete, par P. Bayle. *Rotterdam*, 1683. *in* 12. *m. r.*

389 Lettres sur l'Antousiasme, traduites de l'Anglois. *Amst.* 1709. *in* 12. *v. f.*

390 Traité de l'Apparition des Esprits, par Nicolas Taillepied. *Rouen*, 1606. *in* 16. *m. r.*

391 Le Monde Enchanté par Becker. *Amst.* 1694. 4 *vol. in* 16. *m. r.*

I V.

Physique.

392 Traité de Physique , par J. Rohault. *Paris,* 1672. 2 *vol. in* 12.

393 Entretiens Phisiques, par le P. Regnault. *Paris,* 1729. 3 *vol. in* 12. *fig.*

394 Specula Phisyco Mathematiquo historica notabilium ac mirabilium sciendorum , in quâ Mundi mirabilis Oeconomia, autore Joanne Zahn. *Norimbergæ ,* 1696. 2 *vol. in fol.*

395 Collegium experimentale curiosum de Primariis hujus sæculi inventis & experimentis , per J. C. Sturmium. *Norimbergæ ,* 1676. *&* 1685. *in* 4. 2 *vol.*

V.

Histoire Naturelle.

396 C. Plinii Secundi Historia Naturalis, cum notis Jo. Harduini. *Parisiis ,* 1723. 3 *vol. in fol. cart. mag.*

397 P. Andreæ Matthioli Commentarii in Dioscoridem. *Venetiis , Valgrisius ,* 1583. 2 *vol. in fol. velin.*

398 Josephi Pitton de Tournefort Institutiones Rei Herbariæ. *Parisiis , è Typogr. Regiâ ,* 1720. *in* 4. 3 *vol.*

399 Elémens de Botanique . du même. *De l'Imprimerie Royale ,* 3 *vol. in* 8.

400 Instructions pour les Jardins Fruitiers & Potagers , par la Quintinie. *Paris ,* 1690. 2 *vol. in* 4.

401 Histoire des Plantes Usuelles, par Chomel. *Paris ,* 1715. 2 *vol. in* 12. *m. r.*

402 Histoire des Plantes qui naissent aux environs de Paris , par M. Tournefort. *Paris ,* 1725. 2 *vol. in* 12.

403 L'Histoire des Plantes, traduite de Latin en François par Geoffroy Linoffier. *Paris*, 1620. *in 16. mar. marbré.*

404 Théatre des Jardinages, par Claude Mollet. *Paris*, 1678. *in 12.*

405 Hortulus semper virens in quo suum universæ Plantæ nativum colorem decoremque perdere nesciunt subjectis sibi cæteris totius terrarum orbis animantibus, cultura & opera Claudii le Page. 1629. *in fol. mar. r. fig. depictis.*

406 Traité des Jardins, par le Sieur Sauffay. *Paris*, *Simart*, 1722. *in 12. v. br.*

407 Mémoires & Instructions pour le plant des Meuriers blancs, (nourriture des Vers à soye) par Ifnard. *Paris*, 1665. *in 8.*

408 Ulyssis Aldrovandi Opera. *Bononiæ*, 13 *vol. in fol. m. r.*

409 Jo. Jonstoni Historia Animalium. *Amst.* 1657. 2 *vol. in fol. fig. v. f.*

410 Ejusdem, Dendrologia feu de Arboribus. *Francofurti*, 1682. *in fol. v. f.*

411 Historia naturæ Jo. Eufebii Nierembergii. *Antuerpiæ*, 1635. *in fol.*

412 { L'Histoire naturelle des Indes, traduite de Caftillan en François. *Paris*, *Vafcofan*, 1556. L'Histoire Palladienne, trad. en François par Claude Colet. *Paris*, *Sertenas*, 1555.

413 Joannis Scheuzeri itinera Alpina. *Londini*, 1703. *in 4. fig. velin.*

414 Danubius Pannonicomyficus cum obfervationibus Ferd. Com. Marfili. *Hagæ Comitum*, 1726. 6 *vol. in fol. fig. cart. max.*

415 Histoire universelle de tous les Oifeaux de l'Univers. *MS. in fol. mar. violet.*

416 Histoire des Poiffons, par Guillaume Rondelet. *Lyon*, 1558. *in 4. parch.*

417 L'Histoire naturelle des étranges Poiffons Marins, obfervés par Pierre Belon Du Mans. *Paris*, 1551. *in 4. r. m. verd.*

C

418 Obſervations ſur la ſtructure des yeux de divers Inſectes, & ſur la trompe des Papillons. *Lyon*, 1706. *in* 8. *v. f.*

419 Tractatus varii de pulicibus. *in* 12. *fig. mar. bleu.*

420 Sibyllæ merian metamorphoſes Inſectorum ſurinanienſium. *Amſt. in folio maximo, cum figuris depictis.*

421 Obſervations de pluſieurs ſingularités, &c. par Bélon. *Paris*, 1557. *in* 4. *m. r.*

422 Eſſai des Merveilles de Nature, par René François. *Rouen*, 1632. *in* 8.

423 Deſcription de l'Aimant qui s'eſt formé à la pointe du Clocher de Notre-Dame de Chartres, par l'Abbé de Vallemont. *Paris*, 1692. *in* 12. *v. f.*

424 Diſcours admirables de la nature des Eaux & Fontaines, par Bernard Paliſſi. *Paris*, 1580. *in* 8. *mar. verd.*

425 Le Denier Royal, Traité curieux de l'Or & de l'Argent, par Scipion de Grandmond. *Paris*, 1620. *in* 8. *parch.*

426 Catalogue raiſonné de Coquilles & autres curioſités naturelles, par M. Gerſaint. *Paris*, 1736. *in* 12. *v. m.*

MÉDECINE.

427 Abregé de toute la Médecine-Pratique, par Allen. *Paris*, 1728. *3 vol. in* 12.

428 Novus Medecinæ conſpectus. *Pariſiis*, 1722. *2 vol. in* 12.

429 Nouvelles Formules de Médecine, par Garnier. *Lyon*, 1699. *in* 12.

430 L'œuvre de Claude Galien des choſes nutritives. *Paris*, 1552. *in* 16. *m. r. à compartiment.*

431 La Therapeutique de Galien. *Paris*, 1570. *in* 16. *m. r.*

432 Les Problêmes de Aristote, selon la compo-
sition du Corps Humain, avec ceux de Antoine
Zimara. *Paris*, 1570. *in* 16. *m. violet.*

433 Bernardini Ramazinni, opera Medica & Phi-
siologica. *Londini*, 1718. *in* 4. *fig. m. r.*

434 Discursus de Cornutis & Hermaphroditis, &
eorum jure. *Berolini*, 1708. *in* 4. *v. f.*

435 Traité des Fiévres. *Utrecht*, 1682. *in* 12.

436 Observations sur les Fiévres & les Febrifuges,
par M. Spon. *Lyon*, 1684. *in* 12. *v. brun.*

437 Traité des qualités du Quinkina. *Amst.* 1685.
in 12.

438 Nouvelles Expériences sur la Vipere, par Cha-
ras. *Paris*, 1670. *in* 8. *mar. r.*

439 Observations curieuses & nouvelles sur l'art de
guérir la Maladie Vénérienne, par Nicolas de
Bleny. *Paris*, 1574. *in* 12. *v. br.*

440 Observations sur la Saignée du Pied & sur la
Purgation au commencement de la petite Vé-
role. *Paris*, 1724. *in* 12. *v. f.*

441 Observationes Medico-Physicæ selectæ & cu-
riosæ. *Norimbergæ*, 1707. *in* 4. *v. f.*

442 Essai sur la santé & sur les moyens de prolon-
ger la vie, trad. de l'Anglois de M. Cheyne.
Paris, 1725. *in* 12.

443 Discours notable pour conserver & augmenter
la mémoire, par Guillaume Gratarolle. *Lyon*,
1586. *in* 16. *v. f.*

444 Les Remedes des Maladies du Corps Humain.
Paris, 1685. *in* 8. *v. f.*

445 Remarques sur l'abus des Purgatifs & des Amers
au commencement & à la fin des Maladies. *Pa-
ris*, 1729. *in* 12. *v. f.*

446 Traité de Primerose sur les erreurs vulgaires
de la Médecine, avec des Additions de M. Ros-
tagny. *Lyon*, 1689. *in* 8.

447 Apicius de Opsoniis & Condimentis, sive de
Arte Coquinaria. *Amst.* 1709. *in* 12. *v. f. d. f. t.*

448. De l'honnête volupté, par Baptiste Platine. *Lyon,* 1511. *in* 12, *m. verd.*

449. La maniere de nourrir les Enfans à la mamelle. *Paris,* 1698. *in* 8, *v. f.*

450. Albertus Magnus de secretis mulierum. 1762. *in* 12, *v. f.*

451. Récueil des Secrets de Mademoiselle d'Auvergne, touchant la Médecine. *Paris,* 1692. *in* 12, *v. b.*

452. Jo. Mangeti Bibliothecâ Medico Practica. *Geneva, in fol.* 4. *vol.*

Ejusdem Bibliotheca Pharmaceutico Medica, *in fol.* 2 *vol.* ibid.

Ejusdem Bibliotheca Chymica, ibid. *in fol.* 2 *vol.*

Ejusdem, Bibliotheca Chirurgica, ibid. 1721 *in fol.* 4. *vol.*

I.

Chirurgie.

453. Guil. Bidloo. Anatomia humani corporis cum figuris de Lairesse. *Amst.* 1685. *in fol. max.*

454. Jo. Mangeti theatrum Anatomicum, Edit. 2. *Geneva,* 2 *vol. in fol. fig.*

455. Nouvelle Anatomie raisonnée, par Daniel Tauvry. *Paris,* 1720. *in* 12, *fig.*

456. L'Anatomie d'Heister. *Paris,* 1724. *in* 8.

457. La magnifique Doxologie du fœtu. *Paris,* 1690. *in* 12, *v. f.*

458. Nouvelle découverte des Parties de l'Homme & de la Femme, *in* 8.

459. Histoire Anatomique des Parties génitales de l'Homme & de la Femme, qui servent à la génération, traduite du Latin de Graaf. *Lyon,* 1649. *in* 8 2 *vol. v. f.*

460. Traité de la maladie des Femmes grosses, par François Mauriceau. *Paris,* 1675. *in* 4.

I I.

Pharmacie & Chymie.

461. Cours de Chymie de Lemery 9e. Edit. 1701. *in* 8 *Fig.*

462. Dictionnaire des Drogues, par le même, 2e. Edit. avec Fig. *in* 4, 1714.

463. Pomet, Dictionnaire des Drogues, *in fol.* avec Figures. *Paris.*

I I I.

Philosophie ou Médecine Hermétique.

464. La Vera Dichiaratione di tutte le Metafore, & similitudini de gl'antichi Philos. alchimisti & per frate Evangelista quattrami de Gubbio, *in Roma*, 1587. *in* 4 *v. f.*

465. Voarch adumia contra Alchimiam : ars distincta ab Archimia, & Sophia cum additionibus : proportionibus : numeris & figuris opportunis J. August. Panthæi Veneti Sacerdotis. *Venetiis*, 4. *v. f. d. s. t.*

MATHEMTIQUE.

466. Le Livre nécessaire de Barême. *Paris*, 1708. *in* 12, *v. b.*

467. Les Comptes faits de Barême. *Paris*, 1710. *in* 12.

468. Mathématique universelle abrégée, à l'usage & à la portée de tout le monde. *Paris, Simon*, 1728. *in* 4.

469. Récréations Mathématiques, par Ozanam. *Paris*, 1723. *in* 8, 4 *vol. v. f.*

470. Les Elemens d'Euclide, par le P. de Chales. *Paris*, 1690. *in* 12.

471. La Géométrie Pratique, par Allain Meneſſon Mallet. *Paris*, 1702. *in* 8 , 4 *vol.*

472. Conſtruction & uſages des Inſtrumens de Mathématiques, par le Sieur Bion. *Paris , Brunet,* 1725. *in* 4. *Fig. v. b.*

473. Recueil d'Ouvrages curieux de Mathématique & de Méchanique , ou Cabinet de M. de Servieres. *A Lyon, in* 4. *fig.* 1719.

474. Elevations des Eaux, par toutes ſortes de Machines. *Paris*, 1685. *in* 4 *Fig.*

475. Traité de la maniere de rendre les Rivieres navigables. *Paris*, 1693. *in* 8 , *Fig.*

476. L'uſage des Globes , par Bion. *Paris*, 1728. *in* 8 , *v. m.*

477. Diſputationes Joannis Pici Mirandulæ litterarum principis adverſus Aſtrologiam divinatricem, &c. *Bononiæ ,* 1495. *in* 4 , *v. f.*

Les Arts.

478. Joach Sandrat opera Varia Architecturam ſculpturam & picturam ſpectantia Germanicæ. *Nor. in fol.* cum *fig.* 6 *vol.*

479. Syſtême de la viſion fondé ſur de nouveaux principes, par Sebaſtien le Clerc. *Paris*, 1712. *in* 8.

480. Les dix Livres d'Architecture de Vitruve , par Perault. *Paris,* 1673. *in fol.*

481. Architecture de Palladio , traduite de l'Italien, avec des Notes d'Inigo-Jones. *La Haye, Joſſe,* 1726. *in fol. g. p. v. f.*

482. Cours d'Architecture, par Davillers. *Paris,* 1691. 2 *vol. in* 4 , *Fig.*

483. Traité d'Architecture, avec des Remarques & des Obſervations, par Sebaſtien le Clerc. *Paris,* 1714. *in* 4 , 2 *vol. fig.*

484. L'Ingénieur Pratique, ou l'Architecture Militaire & Moderne, par Dom Sebaſtien Fernan-

des de Medrano. *Bruxelles*, 1696. *in* 8, *fig.*

485. L'Art de la Guerre & la maniere dont on la fait aujourd'hui en France, par de Gaya. *Paris*, 1689. *in* 12, *fig.*

486. L'Ecole de Mars, par M. de Guignard. *Paris*, 1725. 2 *v. in* 4, *g. p.*

487. L'Architecture Navale, contenant la maniere de construire les Navires, &c. *Paris* 1677. *in* 4.

488. L'Art de bâtir les Vaisseaux & d'en perfectionner la construction. *Amst.* 1719. *in* 4, *fig.*

489 L'Art des Armées Navales, ou Théorie de la Construction des Vaisseaux, par le Pere Hoste, Jésuite. *Lyon*, 1727. *in fol. v. f.*

490 L'Ecole des Arpenteurs. *Paris*, 1689. *in* 8. *v. br.*

Le même. *Paris*, 1692. *in* 12. *v. f.*

491 De Re Equaria Sim. Winteri. *Nuremb.* 1672. *in fol. fig.*

492 Il Cavallo del Maneggio del Signor Giovan Batista Galiberti. *In Vienna d'Austria*, 1650. *in fol.*

493 Nouvelle Invention de Chasse pour prendre & ôter les Loups de la France, par Louis Gruau. *Paris* 1613. *in* 8.

494 L'Art de Tourner en perfection, par le Pere Plumier. *Paris*, 1706. *in fol.*

495 Traité des Feux d'Artifices, par Frezier. *Paris*, 1706. *in* 12. *v. f.*

496 Nouveaux Desseins pour la Pratique de l'Art Héraldique, gravés par Mavelot. *Paris*, 1696 *in* 4.

497 Le Royal Jeu de l'Ombre & de Piquet, augmenté de divers Jeux nouvellement inventée. *Bruxelles*, 1712. *in* 16. *v. f.*

498. Le Mépris de tous Jeux de Sort, par Olivier Gouyn. *Paris*, 1550. *in* 8. *mar. verd.*

BELLES LETTRES.

GRAMMAIRES ET DICTIONNAIRES.

499   D E la maniere d'enseigner & d'étudier les Belles Lettres, par M. Rollin. *Paris*, 1726. 4 *vol. in* 12. *v. f.*

500   Trésor de l'Histoire des Langues de cet Univers, par Claude Duret. *Yverdon*, 1619. *in* 4. *v. f.*

501   Ducange Glossarium ad Scriptores mediæ & infimæ Græcitatis. *Lugd.* 1688. 2. *vol. in fol.*

502   Julii Pollucis Onomosticon Græcè & Latinè. *Amsterd.* 1706. 2 *vol. in fol. v. f.*

503   Roberti Stephani Thesaurus Linguæ Latinæ. *Lugduni*, 1573. 2 *vol. in fol.*

504   Basilii Fabri Sorani Thesaurus Eruditionis Scolasticæ. *Lipsiæ*, 1710. 2 *vol. in fol.*

505   Novitius, seu Dictionarium Latino Gallicum. *Parisiis, in* 4. 1721.

506   Officina Latinitatis , seu Dictionarium Latino Gallicum. *Parisiis*, 1681. *in* 4.

507   Du Cange, Glossarium ad Scriptores mediæ & infimæ Latinitatis. *Parisiis*, 1678. 3 *vol. in fol.*

508   Le Petit Apparat Royal , ou Dictionnaire Fr. & Lat. *Paris*, 1718. *in* 8.

509   Dictionnaire Etymologique de la Langue Françoise , par Ménage. *Paris*, 1694. *in fol. v. f.*

510   Dictionnaire Universel de la Langue Françoise. *Trevoux*, 1704. 3 *vol. in fol.*

511   Le même. *Trevoux*, 1721. 5 *vol. in fol.*

512   Dictionnaire de la Langue Françoise ancienne & moderne, par Pierre Richelet. *Paris*, 1728. 3 *vol. in fol.*

513   L'Etymologie, ou Explication des Proverbes Franç. par Fleury de Bellingen. *La Haye*, 1656. *in* 8. *v. f.*

514   Dictionnaire des Proverbes. *Bruxelles*, 1710. *in* 8. *v. f.*

515   Dictionnaire Comique, Satyrique, Critique, Burlesque, Libre & Proverbial, par Joseph le Roux. *Lyon*, 1735. *in* 8. *v. marb.*

516   Nouvelle Grammaire Espagnole, par M. l'Abbé de Vayrac. *Paris*, 1714. *in* 12.

517   Dictionario nuevo de las linguas Espannolas y Francessas. *Bruxelles*, 1721. *in* 4.

518   Dictionnaire Anglois & François, de Boyer *Amst.* 1727. *in* 4.

RHETORIQUE.

519   Harangues de Demosthene, traduites par Tourreil. *Paris*, 1691. *in* 8.

520   Marci Tullii Ciceronis Opera. *Parisiis, apud Carolum Stephanum*, 1555. 2 *vol. in fol. maroquin r.*

521   Eadem. *Parisiis, Dupuis*, 1566. 2 *vol. in fol.*

522   Ciceronis Opera, cum notis Gruteri & Variorum. *Amsterdam, Elzevir*, 1661. 2 *vol. in* 4. *m. r.*

523   Les Oeuvres de Ciceron, traduites par du Ryer. *Paris*, 1670. 12 *vol. in* 12. *v. f.*

524   M. Fabii Quintiliani de Oratoria Institutione. *Parif.* 1725. *in fol. cart. magn. m. r.*

POETIQUE.

I.

Poëtes Grecs.

525 Homeri Ilias & Odissea. *Ex Typographiâ Jo. Crispini*, 1560. & 1567. *2 vol. in* 16. *lavé reglé. m. r.*

526 Homerus Gr. Lat. cum Scholiis Didymi, ex recensione Cornelii Screvelii. *Amsterd. Elzevir*, 1656. *in* 4. *v. f. d. s. t.*

I I.

Poëtes Latins.

527 La Bibliotheque des Poëtes Latins & François. *Paris, Rollin fils*, 1731. *in* 12.

528 M. A. Plautus, cum Commentariis Dionysii Lambini. *Parisiis, Macaeus*, 1687. *in fol. v. f. d. s. t.*

529 Les Comedies de Plaute, trad. en Fr. par Mlle le Fevre. *Paris*, 1683. *3 tom. en* 2 *vol. in* 12. *v. f.*

530 Les Oeuvres de Plaute en Latin & en François, par Limiers. *Amsterd.* 1719. 10 *vol. in* 12. *v. f.*

531 Les Comédies de Térence, traduites en François par Madame Dacier. *Amst.* 1717. 3 *vol. in* 12. *v. f. d. s. t.*

532 Titi Lucretii de Rerum Naturâ Libri VI. *Londini, Tonson*, 1712. *in fol. m. r.*

533 Lucrece en Lat. & en Fr. de la traduction de l'Abbé de Marolles. *Paris*, 1650. *in* 8. *v. f.*

534 Lucrece en Latin & en François, de la traduction du Baron des Coutures. *Paris*, 1685. 2 *vol. in* 12. *v. f.*

535 Les Elégies de Tibulle, de la traduction de

l'Abbé de Marolles, avec le Latin à côté. *Paris,* 1653 *in* 8. *v. f.*

536 Les Oeuvres de Properce, traduites en Fr. par M. l'Abbé de Marolles, avec le Lat. à côté. *Paris,* 1655. *in* 8. *v. f.*

537 P. Virgilii Maronis Opera, interpretatione & notis illustravit Car. Ruæus, ad usum Serenis. Delphini. *Parisiis,* 1730. 4 *vol. in* 12. *v. br.*

538 Les Oeuvres de Virgile, trad. en Prose par M. de Marolles. *Paris,* 1549. *avec figures de Chauveau, in fol. gr. p. m. r.*

539 Virgile, traduit en François, avec des notes par le P. Catrou. *Paris,* 1729. 4 *vol. in* 12. *v. f.*

540 Q. Horacius Flaccus, cum notis Richardi Bentleii. *Amst.* 1713. *in* 4. *v. f. d. f. t.*

541 Q. Horacii Flacci Opera, cum Tabulis Æneis Joannis Pine. *Londini,* 1733. 2 *vol. in* 8. *m. bl.*

542 Traduction nouvelle des Satyres, des Epitres & de l'Art Poëtique d'Horace, par le P. Tarteron. *Paris,* 1685. *in* 12.

543 Oeuvres d'Horace Lat. Fr. avec des remarques critiques & historiques, par Dacier. *Paris,* 1709. 3e *édition,* 10 *vol. in* 12. *v. f.*

544 Odes choisies d'Horace, mises en Vers François par le sieur de Brye. *Paris,* 1695. *in* 8. *v. f.*

545 Les Oeuvres d'Ovide de la traduct. de l'Abbé de Marolles. *Paris,* 1661. 8. *vol. in* 8. *v. f.*

546 Les Epitres amoureuses d'Ovide, trad. en Fr. avec fig. *Cologne,* 1702. *in* 12. *v. f.*

544 P. Ovidii Nasonis Metamorphoseon Libri XV. cum notis. *Paris.* 1725. *in* 12.

548 Métamorphoses d'Ovide en Rondeaux, par Benserade, avec fig. de Chauveau & de le Clerc. *Paris,* 1676. *in* 4. *m. r.*

549 Les Métamorphoses d'Ovide Latines Françoi- par du Ryer. *Bruxelles,* 1677. *in fol. fig. maroq. verd.*

550 P. Aug. Æſopi Fabulæ, in uſum Sereniſſim
Principis Naſſavii. *Amſt. Fr. Halma*, 1601 *in* 4.

551 Les Fables de Phedre en Lat. & en Fr. *Paris*,
1661. *in* 12. *v. f.*

552 Nouvelle Traduction des Satyres de Perſe en
Vers François, par M. de Silvecane. *Lyon*, 1693.
in 12. *v. f.*

553 Les Epigrammes de Martial en Latin & en Fran-
çois, avec des notes, par M. l'Abbé de Marolles.
Paris, 1655. 2 *vol. in* 8. *v f.*

554 Les Etrennes, ou les Préſens de Martial, qui
compoſent les deux derniers Livres des Epigram-
mes de ce Poëte, traduites en Vers par M. l'Abbé
de Maroles. *Paris*, 1667. *in* 8. *v. f.*

555 Catalectes, ou Pieces choiſies des Anciens, trad.
en Fr. par M. l'Abbé de Marolles. *Paris*, 1667.
in 8. *v. f.*

556 Marcelli Palingenii Zodiacus Vitæ. *Amſt.* 1628.
in 12. *v. d. ſ. t.*

557 Opus Merlini Cocaii. *Venetiis*, 1581. *in* 12.

558 Hiſtoire Macaronique de Merlin Cocaye, Pro-
totype de Rabelais. *Paris*, 1706. 2 *vol. in* 16.
m. verd.

559 Ægidii Menagii Poemata. *Paris*, 1680, *in* 8.
m. viol.

560 Caroli de la Rue S. J. Idyllia. *Pariſ.* 1672.
in 12. *v. f.*

561 Jo. Bap. Santolii Victorini Opera Poetica. *Pariſ.*
1694. *in* 12, *mar. r.*

562 Eadem. *Ibid.* 1723. *in* 12.

563 Jo. Bapt. Santolii Victorini Opera omnia. *Pariſ.*
1698. *in* 12. *v. br.*

I I I.

Poëtes François.

564 Le Roman de la Rose, par Jean de Meung & Guillaume de Loris *Paris, Galliot du Pré*, 1529. *in* 8. *m. vert.*

565 Les Oeuvres de François Villon. *Paris, Galliot du Pré*, 1533. *in* 16. *m. vert.*

566 Les Oeuvres de François Villon. *Paris, Cous-telier*, 1723. *in* 12. *v. f. d. f. t.*

567 Les Oeuvres de Guillaume Coquillart. *Paris, Bonnemere*, 1532. *in* 12. *m. vert.*

566 Poësies de Guillaume Coquillart. *Paris, Cous-Couſtelier*, 1723. *in* 12. *v. f. d. f. t.*

569 La Farce de Maître Pierre Pathelin. *Paris, Couſtelier*, 1723. *in* 12. *v. f. d. f. t.*

570 Les Poësies de Martial de Paris, dit d'Auver-gne. *Paris, Couſtelier*, 1724. *in* 12. *v. f. d. f. t.*

571 La Legende de Maître Pierre Faifeu. *Paris, Couſtelier*, 1723. *in* 12. *v. f. d. f. t.*

572 Chants Royaux de Guillaume Cretin. *Paris, Galiot du Pré*, 1527. *in* 8. *m. vert.*

573 Les Poësies de Guillaume Cretin. *Paris, Cous-telier*, 1723. *in* 12. *v. f. d. f. t.*

574 Les Oeuvres de J. Marot. *Paris, Pierre Roufet*, 1532. *in* 8. *m. bl.*

575 Les Oeuvres de Jean Marot. *Paris, Couſtelier*, 1723. *in* 12. *v. f. d. f. t.*

576 L'Adolefcence Clémentine. *Paris*, 1532. *in* 8. *m. bl.*

577 Les Oeuvres de Clément Marot. *Lyon, Gryphius*, 1538. *in* 8. *m. viol.*

578 Les mêmes. *Anvers*, 1539. *in* 12. *m. bl.*

579 Les mêmes. *Paris*, 1542. *in* 12, *mar. r.*

580 Les mêmes. *Paris*, 1568. *in* 12.

581 Les mêmes. *Lyon, de Tournes*, 1573. *in* 16. *m. bl.*

582 Les mêmes. *La Haye , Moetjens ,* 1700. *2 vol. in* 16.

583 Delie , Objet de la plus haute vertu. *Lyon ,* 1544. *in* 12. *v.f.*

584 Les Quatrins de Pybrac , 1674. *in* 8. *v.f.*

585 Les Satyres & autres & Oeuvres de Regnier. *Londres ,* 1729. *in* 4. *gr.p. v.f.*

586 Imitations du Latin de Jean Bonnefons avec autres Gayetés. *Paris ,* 1610. *in* 8. *v. f.*

587 Les Satyres du sieur de Courval. *Rouen ,* 1726. *in* 12. *v.f.*

588 Les Poësies de Malherbe avec les Observations de Menage. *Paris ,* 1698. *in* 12.

589 Oeuvres & Poësies de Brebeuf. *Paris ,* 1660. *in* 12. *v.f.*

590 Les Bergeries de Racan. *Paris ,* 1630. *in* 8. *mar. r.*

591 Les Oeuvres & Poësies d'Honorat de Baye sieur de Racan. *Paris ,* 1660 *in* 8. *v.f.*

592 Les mêmes. Paris , *Coustelier ,* 1724. *2 vol. in* 12. *v. f. d.s. t.*

593 Poësies Diverses de Furetiere. *Paris ,* 1664. *in* 12.

594 Fables Choisies de la Fontaine. *Paris ,* 1668. 5 *vol. in* 12. avec fig. Chauveau , *mar. r.*

595 Les mêmes. *Paris ,* 1669. *2 vol. m. r.*

596 Les mêmes. *La Haye ,* 1688. *2 vol. mar. r.*

597 Oeuvres Diverses de Segrais. *Amst.* 1723. 3 *vol. in* 12. *v. f.*

598 Les Oeuvres de Boileau Despreaux. *Paris ,* 1701. *2 vol. in* 12. *mar. viol.*

599 Les mêmes , avec des Eclaircissemens & des Notes de M. Brossette. *Genêve ,* 1716. *2 vol. in* 4. *gr. p. mar. r.*

600 Les mêmes avec figures , de Bernard Picard. *Amst. Mortier ,* 1718. *2 vol. in fol. mar. r.*

601 Fables Nouvelles de la Motte. *Paris ,* 1719. *in* 4. *mar. r.*

602 Les mêmes, *in* 12. *m,*
603 Odes du même, 1713. 2 *vol. in* 12. *mar. r.*
604 Tragédies, du même, 1723. *in* 12. *mar. r.*
605 L'Iliade d'Homere, du même, 1720. *v.*
606 Réflexions fur la Critique, par le même, 1726. *in* 12.
607 Les Fables de la Motte, trad. en Vers Fr. *v. f.*
608 Oeuvres Diverfes de Rouffeau. *Amft.* 1726. 3 *vol. in* 12. *v. f.*
609 Recueil de Poëfies du Pere du Cerceau. *Paris,* 1726. *in* 12. *v. f.*
610 Contes & Nouvelles de Vergier. *Amft.* 1727. 2 *vol. in* 12. *v. marb.*
611 La Ligue, ou Henry le Grand, Poëme Epique, par Voltaire. *Genêve,* 1723. *in* 8. *v. f.*
612 La Henriade de Voltaire. *Londres,* 1728. *in* 4. *fig. v. marb.*
613 La Henriade avec des Variantes & des Notes, & l'Effai fur le Poëme Epique, par M. de Voltaire. *Londres,* 1734. *in* 8. *v. f.*
614 L'Accord de la Grace & de la Liberté, Poëme, par le R. P. le Vaillant de la Baffardries. *Tournay,* 1740. *in* 4. *v. br.*
615 Le Portefeuille de M. L. D. F. *Carpentras,* 1694. *in* 12. *v. f.*
616 Les Vérités en petits Contes. *Nancy,* 1608. *in* 12. *mar. verd.*
617 Nouveau Recueil des Epigrammatiftes. *Amft.* 1720. 2 *vol in* 12.

618 {
Le Myftere de la Conception de la Benoite Vierge, de fa Nativité, Mariage, Annonciation, de la Nativité de Jefus-Chrift, de fon Enfance, 1539. *in* 8.
La Comédie de la Paffion. *Paris,* 1539. *in* 8. *mar. r.*

619 Le Myftere des Apôtres, par Perfonnages, en Vers François. *Paris,* 1537. *in fol. mar. viol.*

620 Les Oeuvres de Renard. *La Haye*, (*Chartres*) 1729. 2 *vol. in* 16. *r. v.*
621 Ines de Caftro, Romulus, les Machabées, Tragédies de M. de la Motte. *Paris*, 1723. *in* 8. *m. r.*

I V.

Poëtes Italiens & Efpagnols.

622 Opere del Divino Poëta Dante comento del Chrifto phoro. Londino, *in* 4. *mar. r.*
623 Il Petrarca. *In Lione*, 1551. *mar. r.*
624 La Jerufalem Délivrée, Poëme Héroïque du Taffe, Traduction nouvelle en Profe, 1724. 2 *vol. in* 12.
625 Le Berger Fidéle, traduit en Vers François, avec l'Italien à côté. *La Haye*, 1702. *in* 16. *mar. citr.*
626 La Luziade du Camoens, Poëme Héroïque, traduit du Portugais, par M. du Perron de Caftera. *Paris*, 1735. 3 *vol. in* 12. *v. br.*

V.

Mythologie.

627 Les Images ou Tableaux de Philoftrate. *Paris*, 1614. *in fol. mar. r.*
628 Tableaux du Temple des Mufes de Marolles. *Paris*, 1655. *in fol. gr. p. mar. bl.*

V I.

Poëfie Profaïque ou Faceties, Contes, Nouvelles, Romans, &c.

629 Les Oeuvres de Fr. Rablais, avec des Remarques.

ques. *Paris*, 1732. 5 *vol. in* 8. *v. f.*

630   Les Contes Facétieux de Pogge Florentin. *Paris*, 1574. *in* 12. *mar. verd.*

631   La Vie de Lazarille de Tormes. *Lyon*, 1649. *in* 12. *v. f.*

632   Nouvelles Récréations & Joyeux Devis de Bonaventure des Periers, 1578. *in* 12. *mar. r.*

633   Les Facétieuses Nuits du Seigneur Straparole. *Lyon*, 1611. 2 *vol. mar. r.*

634   Les mêmes. *Paris*, 1726. *v. f. d. f. t.*

635   Le Gueux, ou la Vie de Guzman d'Alfarache. *Rouen*, 1648. 2 *vol. in* 8. *v. f.*

636   Arresta Amorum. *Lugd. Gryphe*, 1538. *in* 4. *mar. viol.*

637 { Les Cinquante - un Arrêts d'Amours. *Paris*, *Michel le Noir*, *in* 4. *goth.*
La Faulcete Trahison & les Tours de ceux qui suivent le train d'Amours. *Paris*, *Jean Jehannot*, *in* 4. *goth.*
Ovide de Arte amandi, translaté de Latin en François, *in* 4. *goth. v. f. d. f. t.*

638   Les Déclamations, Procedures & Arrêts d'Amours. *Paris*, 1545. *in* 8. *v. f.*

639   Les Arrêts d'Amours avec l'Amant rendu Cordelier à l'Observance d'Amour, par Martial d'Auvergne, dit de Paris. *Amst.* 1731. 2 *vol. in* 12. *v. f.*

640   Les Fantaisies de Mere Sotte, par Pierre Gringoire, dit Vaudemont, surnommé Mere Sotte, *in* 16. *mar. verd.*

641 { La Fontaine d'Amour. *Paris*, 1546. *in* 16.
Le Chant des Seirenes. *Paris*, *Coroxet*, 1548. *mar. r.*

642   Les Azolains de Bembo de l'Amour d'Amour. *Lyon*, 1555. *in* 12. *mar. verd.*

643 { Le Secret d'Amour, composé par Michel d'Amboise. *Paris*, 1542.
Le Livre des Visions Fantastiques du Banni

de Liesse, où sont contenus les Amours Infortunés de deux Amans. *Paris*, 1542. *in* 8. *mar. r.*

644 Carcel de Amor, la Prison d'Amour en Espagnol & François. *Paris*, 1567. *mar. citr.*

645 Traité de l'Essence & Guérison de l'Amour, ou de la Mélancolie Hérotique, par Jacques Ferrand. *Tolose*, 1610. *in* 12. *paroh.*

646 L'Antidote d'Amour, par Jean Aubry. *Paris*, 1599. *in* 12. *mar. r.*

647 La Victoire & Triomphe d'Argent contre le Dieu d'Amour n'a guéres vaincu dedans Paris. *MSS. sur velin avec miniatures; mar. avec compartimens.*

648 Le Livre de Jean Bocace de la Louange & Vertu des Nobles Dames; translaté & imprimé à *Paris*, 1493. *in* 4. *Gotique, mar. r.*

649 Le Fort Inexpugnable de l'Honneur du Sexe Féminin, par François Billon. *Paris*, 1555. *in* 4. *mar. r. à compartim.*

650 Les Visions de Pasquille avec le Dialogue de Probus, 1547. *in* 12. *v. f.*

651 La Récréation & Passe-Tems des Tristes, pour réjouir les Mélancoliques. *Paris*, 1573. *in* 12. *m. r.*

652 Questions & Demandes Récréatives pour réjouir les esprits mélancoliques. *Paris*, 1579. *in* 12. *mar. verd.*

653 { Les Demandes Joyeuses & Réponses en maniere de Quolibets.
La Grande Danse Macabre. *Paris, Grouleau,* *in* 16. *mar. verd.*

654 Regrets Facétieux & Plaisans, Harangues Funébres sur la Mort de divers Animaux. *Paris*, 1583. *in* 12. *mar. r.*

655 { Les Quinze Joyes de Mariage. *Rouen*, 1596. *in* 12.
Les Epines du Mariage, par J. Philippe Varin. *Paris*, 1607. *in* 12. *mar. r.*

656   Tableau Hiſtorique des Ruſes & Subtilités des Femmes. *Paris*, 1623. *in 8. mar. r.*

657   Nicodemi Friſchlini facetiæ ſelectiores & Henrici de Bolii Facetiarum Libri tres. *Argentorati*, 1603. *in 16. parch.*

658   Facetiæ Facetiarum hoc eſt joco ſeriorum faſciculus. *Franco-furti*, 1715. *in 12. mar. r.*

659   Le Comte de Gabalis. *Paris*, 1670. *in 12. m.*

660   Le même. *Amſt. in 12.*

661   Suite du Comte de Gabalis. *Amſt. in 12.*

662   Les Avantures du Baron de Fæneſte avec Remarques. *Cologne*, 1729. *2 tomes en un vol. in 8.*

663.   L'Héroïne Mouſquetaire. *Amſt.* 1692. *in 12, m. verd.*

664   Le Gage Touché. *Paris*, 1711. *in 12, v. f.*

665   Les Tours de Maître Gonin. *Anvers*, 1714. *2 vol. in 12, v. f.*

666   Hiſtoire de Gilblas de Santillane. *Paris*, 1715. *in 12, 2 vol. v. f.*

667   Le Roman Bourgeois de Furtiere. *Nancy*, 1722. *in 8, m. r.*

668.   Nouveaux Contes à rire & avantures plaiſantes. *Cologne*, 1722. *2 vol. in 12.*

Nouvelles & Romans, données pour vraies par leurs Auteurs.

669   De l'uſage des Romans, avec une Bibliothéque des Romans, par l'Abbé Lenglet Dufreſnoy. *Amſt. Paris*, 1734. *2 vol. in 12, v. b.*

670   Les cent Nouvelles nouvelles. *Colog.* 1701. *2 vol. in 8, m. bl.*

671   Le Decameron de Boccace. *Paris*, 1545. *in fol. m. verd.*

672   Boccace des nobles malheureux, avec des Notes manuſcrites en marge. *Paris*, 1538. *in fol. m. verd.*

673   Boccace des Dames de renom. *Lyon*, 1551. *in 8, m. bleu.*   D ij

674 L'Heptameron, ou l'Histoire des Amans fortunés. *Paris*, 1581. *in* 12, *m. r.*

675 Le Jugement d'amour, auquel est raconté l'Histoire d'Isabelle, fille du Roy d'Ecosse. *Paris*, *in* 16, *m. r.*

676 L'Histoire d'Oreli & Isabelle fille du Roi d'Ecosse, traduite de l'Espagnol en François, 1560. *in* 16. *Anvers, parch.*

677 Le Printems d'Hyver, par Jacques Hyver. *Paris*, 1574. *in* 16, *m. bleu.*

678 Avantures amoureuses de Guzman Chevalier Espagnol, & d'Arbolea sa maîtresse. *Roüen*, 1598. *in* 16, *m. r.*

679 Les Heures perdües d'un Chevalier François. *Paris* 1662. *in* 12, *m. r.*

680 Les amours d'Henry IV. avec les Lettres écrites à ses Maîtresses. *Colog.* 1736. *in* 12.

681 Le Triomphe de la Déesse Monos, ou l'Histoire du Portrait de Madame la Princesse de Conty, fille du Roy. *Amster.* 1698. *in* 16, *mar. r.*

682 Histoires Françoises, galantes & comiques. *Amster.* 1792. *in* 12, *v. f.*

683 Les Avantures de Pomponius, ou l'Histoire de notre tems. *Rome*, 1725. *in* 12, *m. b.*

684 L'Atlantis de Madame Manley, traduite de l'Anglois. *Londres*, 1714. *in* 12, 2 *vol. v. f.*

685 Les Victoires de l'Amour, ou Histoire de Zaïde & de Leonor. *Amster.* 1714. *in* 12 *m. r.*

686 Refléxions de T *** sur les égaremens de sa jeunesse. *Amster.* 1729. *in* 12, *v. f.*

687 Le Chevalier des Essarts & la Comtesse de Bercy. *Amster. Paris*, 1735. 2 *vol. in* 12, *v. f.*

688 { Mémoires & Avantures d'un Homme de qualité qui s'est retiré du monde. *Paris*, 1732. 6 *vol. in* 12.
Histoire du Chevalier Desgrieux & de Manon Lescaut; suite des Avantures d'un Homme de qualité, 2 *vol. in* 12.

Romans vraisemblables ou mêlés de vrai & de faux.

689   L'Histoire Æthyopique d'Héliodore. *Paris,* 1553. *in* 8 , *m. r. à comp.*

690   Les Amours Pastorales de Daphnis & Chloe , avec figures, sur les desseins de M. le Duc d'Orleans. 1728. *in* 8 , *relié en m. cit. à compartimens.*

691   Les mêmes *in* 8 , *Paris , Coustelier* avec fig. *m. r.*

692   Amadis de Gaules. *Paris ,* 1548. 4 *vol. in fol. m. verd.*

693   Merlin ou la Table ronde. *Paris,* 1528. *in* 8. *m. r.*

694   L'Histoire de Palmerin d'Olive. *Lyon ,* 1576. 4 *vol. in* 16 , *v. f.*

695   Primaleon de Grece. *Lyon ,* 1600. 4 *vol. in* 16 , *v. f.*

696   La Métamorphose du vertueux , tirée de l'Italien de Laurent Selva. *Paris ,* 1611. *in* 12.

697   Chreserionte de Gaules , Histoire mémorable , par de Souan. *Lyon ,* 1620. *in* 8 , *parch.*

698   L'Argenis de J. Barclay , traduction nouvelle , avec figures. *Paris ,* 1638. 2 *vol. in* 8 , *v. marb.*

699   L'Ariane de Desmarests. *Paris ,* 1639. *in* 4 , *m. verd.*

700   Les Voyages de Cyrus , par Ramsay. *Paris ,* 1727. *in* 12 , 2 *vol. v. f.*

701   Les avantures de Thélemaque , par M. F. de Salignac de la Motte de Fenelon. *La Haye,* 1701. *in* 12 , *m. r.*

PHILOLOGIE.

I.

Critiques Anciens & Modernes.

702   LILII Giraldi opera omnia. *Lugdu. Bat.* 1696. *in fol. v. b.*

Traités singuliers de Critiques, Satyres, Invectives, Défenses, Apologies, &c.

703 Petronii satyricon, cum fragmentis. *Parisiis* 1693. *in* 12.

704 La Contre-critique de Petrone, sur les fragmens trouvés à Bellegrade en 1688. *Paris*, 1700. *in* 12.

705 L'introduction au Traité de la conformité des merveilles anciennes avec les modernes, ou Traité préparatif à l'apologie pour Hérodote, 1576. *in* 8. *m. v.*

706 La Chasse du Renard, Pasquin découvert & pris en sa tanniére, du Libelle diffamatoire, faux marqué, le Cathéchisme des Jesuites. *Villefranche*, 1603. *in* 16, *m. viol.*

707 L'Apocalypse de Meliton, 1665. *in* 12, *v. f.*

Diverses dissertations Philologiques, Critiques, Allégoriques, enjouées, &c.

708 Lamentationes obscurorum virorum. *Rotterd. in* 12, *m. viol.*

709 La Grand-nef des fols. *Lyon* 1583. *in* 4. *m. r.*

710 L'Eloge de la folie, traduite du Latin d'Erasme, par M. Gueudeville. *Leyde*, 1715. *in* 12, *v. f.*

711 Disputatio perjucunda quâ Anonymus probare nititur mulieres homines non esse. *Paris*, 1693. *in* 12.

712 Les Gymnopodes, ou de la Nudité des pieds, par M. Sebastien Rouilliard. *Paris*, 1624. *in* 4, *v. f.*

713 Le Parnasse réformé par Gueret. *Paris*, 167 *in* 12.

714 Le grand mystére ou l'art de méditer sur la Garde-robe, par le Docteur Swift, *in* 12, *v. m.*

I I.

Sentences, Apophtegmes, Adages, Proverbes, &c. Livres en Ana.

715   Poggiana, ou les bons mots du Pogge. *Amst.* 1720. 2 *vol. in* 12.

716   Valesiana, ou Pensées & Poësies Latines de M. de Valois. *Paris,* 1695. *in* 12. *v. f.*

717   Menagiana, de la revision de M. de la Monnoye. *Paris,* 1715. 4 *vol. in* 12. *v. f. d. s. t.*

718   Les mêmes. 4 *tom. en* 2 *vol. v. f.*

I I I.

Hieroglyphiques, Symboles, Emblêmes, Devises, &c.

719   Alciati Emblemata. *Lugduni,* 1568. *in* 8. *m. r.*

720   Les mêmes en françois. *Lyon,* 1549. *in* 16. *m. r.*

721   Les Emblêmes de Jean-Sambucus. *Anvers,* 1567. *in* 16. *v. f.*

722   { Les Emblêmes de André Alciat, mises en rimes françoises.
Ecathomgraphie, ou Proverbes, Sentences & Dits, tant des Anciens que des Modernes.
Le Théatre des bons Angins. *Paris, Corrozet, in* 8. *v. f.*

723   De symbolis Heroicis, libri 9. *Antuerpiæ Moret,* 1634. *in* 4. *v. f.*

724   Les Sculptures ou Gravures sacrées d'Aurus Appollo. *Paris, Kervers,* 1553. *in* 16. *m. r.*

725   Hecatomgraphie, ou la Description de cent Figures & Histoires. *Paris,* 1540. *in* 16.

726 La même. *Paris*, 1548. *in* 16. *mar. r.*

727 Iconologie, ou Explication de plusieurs Emblêmes tirés des Figures de Cesar Ripa, moralisée par Jean Baudouin. *Paris*, 1681. *in* 4. *fig.*

728 Les Rodomontades & Emblêmes Espagnoles. *Rouen*, 1634. *in* 16. *mar.*

POLYGRAPHES.

I.

Auteurs Anciens & Modernes qui ont écrit sur differens sujets.

729 DEsid. Erasmi opera. *Basileæ*, 1540. 9 *vol. in fol. mar. r.*

730 Oeuvres de la Mothe le Vayer. *Paris*, 1669. 13 *vol. in* 12. *m. ch.*

731 Quatre Dialogues à l'imitation des Anciens, par Oratius Tubero. *in* 4.

732 Les Essais de Michel de Montaigne. *Paris*, 1725. 3. *vol. in* 4. *v. f.*

733 Oeuvres mêlées de Saint Evremond. *Londres*, 1709. 3 *vol. in* 4. *gr. p.*

734 Oeuvres diverses de Bayle. *La Haye*, 1727. 4 *vol. in fol. v. f.*

735 Les Oeuvres de Sarrazin. *Paris*, 1656. *in* 4. *mar.*

736 Les Oeuvres diverses de Cyrano de Bergerac. *Amst.* 1710. 2 *vol. in* 12. *mar. bleu.*

737 Oeuvres mêlées de l'Abbé de Saint-Real. *La Haye*, 1722. 5 *vol. in* 12. *v. f. d. s. t.*

738 Oeuvres de M. de Toureil. *Paris*, 1721. *in* 4. 2 *vol. v. f.*

739 Oeuvres diverses de Fontenelles. *Paris*, 1724. 3 *vol.*

740 Oeuvres de M. l'Abbé de Pons. *Paris*, 1738. *in* 12. *veau marb.*

Collections d'Ouvrages François de differens Auteurs, tant en Profe qu'en Vers.

741 Voyage de Bachaumont & Chapelle. *Rouen*, 1698. *in* 12.

742 Le même. *Amſt.* 1708. *in* 12. *v. f.*

743 Voyage de MM. Bachaumont & Chapelle, avec les Poëſies du Chevalier de Cailly. *Amſterd.* 1708. *in* 12. *mar. violet.*

744 Recueil de Piéces galantes de Madame de la Suze & de M. Peliſſon. *Trévoux*, 1725. *in* 12. 4 *vol. v. f.*

745 Recueil de quelques Piéces nouvelles & galantes, tant en profe qu'en vers. *Cologne*, 1667. *in* 12.

746 Recueil de divers Ecrits fur l'Amour & l'Amitié, la Politeſſe, la Volupté, les Sentimens agréables, l'Eſprit & le Cœur. *Paris*, *Piſſot*, 1736. *in* 12. *v. marb.*

I I.

Dialogues & Entretiens.

747 Les Contredits de Songe Creux, Prince des Sots, *in* 16. *goth. mar. r.*

748 Prologues non tant ſuperliſiques que drolatiques. *Rouen*, 1518. *in* 12. *m. r.*

749 Les faits & dits de feu Maître Jean Molinet. *Paris*, 1537. *in* 12. *m. r.*

750 Les Problêmes de Jerôme Garimbert. *Lyon*, 1549. *in* 12. *m. r.*

751 Diſcours en forme de Dialogue, touchant la vraie & parfaite amitié. *Lyon*, 1557. *in* 12. *m. bl.*

752 Diſcours de Champs Facs, faits à l'honneur & exaltation de l'Amour & des Dames, par C. de Taillemont. *Paris*, *Corrozet*, 1571. *in* 16. *v. f.*

753　Discours faits à l'exaltation de l'honneur des Dames, par le même. *Paris*, 1586. *in* 16. *m. r.*

754　Les Propos mémorables des nobles & illustres Hommes de la Chrétienté. *Paris*, 1572. *in* 12. *mar. r.*

755　Dialogue & Devis des Damoiselles, pour les rendre vertueuses & bienheureuses. *Paris*, 1583. *in* 12. *m. r.*

756　Prologues tant serieux que facetieux. *Paris*, 1610. *m. viol.*

757　{ Dialogues sur plusieurs Matieres curieuses de ce temps.
Les Indiens, ou les naufrages du temps.
Description de la Suisse, par M. le Duc de Rohan, *in* 4. *MS. mar. bl.*

758　Divers Portraits imprimés en l'année 1659. *in* 4.

759　Dialogue sur la Musique des Anciens. *Paris*, 1725. *in* 12. *v. br.*

III.

Epistolaires.

760　Aristæneti Epistolæ Gr. & Lat. *Parisiis*, 1610. *in* 8. *v. f.*

761　Lettres de Pline le jeune. *Paris*, 1699. 3 *vol. in* 12.

762　Les véritables Lettres d'Abélard & d'Héloïse. *Paris*, 1723. 2 *vol. in* 12. *v. f.*

763　Lettres de Richelet. *Paris*, 1689. *in* 12.

764　Les mêmes. *La Haye*, 1712. 2 *vol. in* 12. *v. f.*

765　Lettres de Roger Rabutin, Comte de Bussy. *Paris*, 1711. 5 *vol. in* 12. *v. f.*

766　Lettres de Boursault. *Paris*, 1677. *in* 12. *v. f.*

767　Lettres de Madame de Sevigné à Madame de Grignan. 1726. 2 *vol. in* 12. *v. f.*

768 Les mêmes. *Paris*, 1735. 6 *vol. in* 12. *v. m.*

769 Lettres familieres & galantes fur toutes fortes de fujets. *La Haye*, 1705. *in* 12. *v. f.*

770 Lettres fur l'état de l'Europe, avec les Plans de fes Forterefles. *Amft.* 1696. *in* 4.

771 Lettres fur les Anglois & François. 1725. *in* 8.

772 Lettres Perfanes. *Amfterd.* 1721. 2 *vol. in* 12. *v. f.*

773 Le Spectateur. *Amft.* 1722. 6 *vol. in* 12. *v. f.*

774 Le Mifantrope. *La Haye*, 2. *vol. v. f.*

775 Caprice d'imagination, ou Lettres fur differens fujets. *Paris*, 1740. *in* 12. *v. f.*

776 Lettres Galantes & de Voyages, dans lefquelles on décrit les Mœurs, Coutumes & Interêts d'Italie, d'Hongrie, &c. *Paris*, 1670. *in* 16. *mar. verd.*

777 Lettres facetieufes & fubtiles Rao, trad. de l'Italien par Chapuys. *Lyon*, 1584. *in* 12. *mar. verd.*

778 Lettres amoureufes, trad. de l'Italien de Girolafme Parabofque par Hubert de Villiers. *Paris*, Corrozet, *in* 16. *mar. verd.*

HISTOIRE.

I.

GEOGRAPHIE.

779   L U V E R I I Introductio in Geographiam. *Amst. Elzevir , in 16. mar. bl.*

780   Méthode pour étudier la Géographie, par l'Abbé Lenglet du Fresnoy. *Paris , 1716. 4 vol. in 12. v. f.*

781   Dictionnaire Géographique de Baudrand. *Paris, 1703. in fol.*

782   La Division du Monde. *Paris , 1558. in 12. mar. verd.*

783   Description de l'Univers , contenant les différens systémes du Monde , par Allain Manesson Mallet. *Francfort , 1685. 5 vol. in 4.*

784   Description de tout l'Univers en plusieurs Cartes de Gréographie , par MM. Sanson. *Amsterd. 1699. in 4. v. f.*

785   Le Grand Atlas , ou Cosmographie Blavienne. *Amst. Blaeu , 12 tom. en 10 vol. in fol. velin doré.*

786   Novus Atlas Sinensis à Martino Martini descriptus. *in fol.*

787   Théatre des Cités du Monde , avec les figures des Villes & Cartes. *3 vol. in fol. mar. vert.*

788   { L'Atlas de Nicolas de Fer. *2 vol. in fol.*
        { Les Forces de l'Europe , *du même in fol.*

789 Atlas, ou Recueil de Cartes Géographiques, par de Fer. *Paris, 1709. in fol. gr. p.*

790 Atlas Historique, par Gueudeville. *Amsterd. 1718. 7 vol. in fol. fig. gr. p. v. f. d. s. t.*

791 Atlas François, contenant les Cartes géographiques des Empires, &c. par Jaillot. *1695. 2. vol. in fol. gr. p.*

792 Atlas nouveau & curieux des plus célebres Itinéraires. *Leyde, Vender Aa, 1696. in fol. oblong.*

793 Le Grand Théatre de plusieurs Plans & Profils des plus renommées Villes de l'Europe. *Amsterd. de Wit, 2 vol. in fol. gr. p.*

794 Théatre complet & particularisé de la Guerre du Nord, ou Carte Géographique des Pays exposés à la présente Guerre. *La Haye, 1711. in 8. v. f.*

795 Cartes particulieres de Flandres, depuis la Mer jusqu'au delà de la Meuse, levées & dessinées sur les lieux par le Sieur Naudin Ingenieur, *en 22 cartes in fol. mar. r.*

VOYAGES ET NAVIGATIONS.

I I.

Voyages autour du Monde.

796 Nouveau Voyage autour du Monde, par Dampier. *Rouen, 1715. 5 vol. in 12.*

797 Voyage autour du Monde, par le Capitaine Wood Roger. *Amst. 1716. 3 vol. in 12. mar. r.*

798 Nouveau Voyage autour du Monde, par le Gentil, *Paris, 1725. 3 vol. in 12. v. f.*

799 Voyage autour du Monde, par Gemelli. *Paris, 1728. 6 vol. in 12.*

VOYAGES EN EUROPE.

800　Le Voyageur d'Europe, où font les Voyages de France & Italie, par M. Jouvin de Rochefort. *Paris*, 1692. 2 *vol. in* 12. *v. f. fig.*

801　Nouveau Voyage d'Italie, par Miſſon, avec les Remarques de M. Addiſſon. *La Haye*, 1702. 4 *vol. v. f.*

802　Nouveaux Mémoires de Nodot, ou Oſſervations faites dans ſon Voyage d'Italie. *Amſt.* 1706. *in* 12. *m. r.*

803　Relation d'un Voyage d'Italie fait en 1654. *in fol. MS. mar. rouge.*

804　Voyage du P. Labat en Eſpagne & en Italie. *Paris*, 1720. 8 *vol. in* 12.

805　Recueil des Voyages au Nord. *Amſt.* 1715. & *ſuiv.* 8 *vol. in* 12. *v. f.*

806　Relation d'un Voyage fait en Dannemark. *Rott.* 1707. 2 *vol. in* 12. *v. f.*

807　Hiſtoire de la Laponie, ſa Deſcription & ſes mœurs. *Paris*, 1678. *in* 4. *m. v.*

Voyages en Aſie.

808　Voyage du Levant fait en 1621. par le commandement du Roy. *Paris*, 1624. *in* 4. *m. verd à comp.*

809　La Terre Sainte ou Terre de Promiſſion, avec figures, par F. Eugene Roger. *Paris, Bertier*, 1646. *in* 4. *mar. verd.*

810　Adriani Relandi Palæſtina ex monumentis veteribus illuſtrata. *Traj. Bat.* 1714. 2 *vol.*

811　{ Voyage de Corneille le Brun au Levant, enrichi de plus de 200. figures. *Delft*, 1700. *in fol. gr. pap. v. f.*
Voyage par la Moſcovie en Perſe & Indes Orientales, par le même. *Amſt.* 1718. *in fol.* 2 *vol. fig. v. f.*

812 Voyage du Levant, de Tournefort. *Paris*, 2 *vol.* *in* 4.

813 Voyage de Dalmatie, de Grece & du Levant, par G. Wheler. *La Haye*, 1723. 2 *vol. in* 12. *v. f.*

814 Voyage de la Motraye en Europe, Afie & Affrique. *La Haye*, *in fol.* 2 *vol. gr. p.*

815 Nouveaux Mémoires des Miffions de la Compagnie de Jefus dans le Levant. *Paris*, 1717. 7. *vol. in* 12.

816 Relation des Miffions & des Voyages des Evêques, Vicaires Apoftoliques, ès années 1676. & 1677. *Paris*, 1680 *in* 8. *mar. violet.*

817 Nouveau Voyage, de Grece, d'Egyte & de Paleftine, fait en 1721. 1722. & 1723. *La Haye*, 1724. *v. f. in* 12.

818 Relation Géographyque & Hiftorique de la Morée, par le P. Coronelli. 1687. *in fol.*

819 Defcription Géographique & Hiftorique de la Morée. *Paris*, 1696. *in* 8. *fig.*

820 Hiftoire Univerfelle des Indes Orientales, & de la Converfion des Indiens. *Douay*, *Fabry*, 1611. *in* 4. *v. br.*

821 Voyage de Gautier Schouten aux Indes Orientales, *Amft.* 1708. 2 *vol. in* 12. *mar.*

822 Journal d'un Voyage fait aux Indes Orientales par une efcadre de fix Vaiffaux commandés par M. du Quefne. *La Haye*, 1723. 3 *vol in* 8. *v. f. d. f. t.*

823 Nouveau Voyage aux Grandes Indes, par le fieur Luillier. *Rotterd.* 1726. *in* 12. *v. f.*

824 Voyages de Villamont. *Rouen*, 1610. *in* 12.

825 Relation de la Nouvelle Miffion des Peres de la Compagnie de Jefus au Royaume de la Cochinchine, traduite de l'Italien du Pere Barry, par le Pere Antoine de la Croix. *Rennes*, 1621. *in* 8. *mar. citr.*

826. Voyage de Thevenot. *Paris*, 1689. *in* 12. 5 *vol. mar. r.*

827   Les Voyages de Jean Struys, 1689. *in* 12. 5 *vol. mar. r*

828   Les Voyages de J. B. Tavernier. *Paris*, 1713. 6 *vol. in* 12. *mar.*

829   Relation du Voyage du Chevalier Chardin en Perfe. *Londres*, 1686. *in fol. v. f.*

830   Defcription de la Tartarie, par Hubert de Lefpine. *Paris*, 1558. *in* 16. *mar. verd.*

831   Voyages en Mofcovie, Tartarie & Perfe, par Adam Olearius. *Amft.* 1727. *in fol.* 2 *vol. v. f.*

832   Les Voyages Avantureux de Fernand-Mendez Pinto. *Paris*, 1645. *in* 4. *mar. r.*

833   Hiftoire de l'Ifle de Madagafcar. *Paris*, 1661. *in* 4. *m. v.*

834   Hiftoire & Defcription Générale du Japon, par le Pere de Charlevoye. *Paris*, 1736. 9 *vol. in* 12. *v. br.*

835   Defcription du Royaume de Siam, par de la Louber. *Paris*, 1691. 2 *vol. in* 12. *mar. r.*

836   Defcription de l'Ifle de Formofa en Afie. *Amft.* 1705. *in* 12. *mar. verd.*

837   L'Ambaffade des Provinces-Unies vers l'Empereur de la Chine. *Leyde*, 1685. *in fol. fig. v. f. d. f. t.*

838   Ambaffade des Provinces-Unies vers les Empereurs du Japon. *Amft.* 1680. *in fol. fig. v. f.*

839   Voyages de Inigo de Biervillas à la Côte de Malabare, & autres lieux des Indes Orientales. *Paris*, 1736. 2 *vol. in* 12. *v. marbr.*

Voyages en Afrique.

840   Defcription de l'Afrique, par Dapper, *in fol. Amft.* 1686.

841   Hiftoire de la Premiere Découverte & Conquêtes des Canaries. *Paris*, 1630. *in* 8. *mar. viol.*

842   Voyage de l'Arabie heureufe par l'Ocean Oriental. *Paris*, 1715. *in* 12. *v. f.*

348 { Voyage pour la Rédemption des Captifs à Alger & à Tunis. *Paris*, 1721. *in* 12.
Autre à Maroc & à Alger 1726.

844 Relation nouvelle de l'Afrique, par le Pere Labat. *Paris*, 1728. 5 *vol. in* 12.

845 Relation Hiftorique d'Abiffini du R. P. Jerofme Lobo, traduite du Portugais, par M. le Grand. *Paris*, 1728. *in* 4. *v. f.*

Voyages en Amérique.

846 Defcription des Indes Occidentales, qu'on appelle aujourd'hui le Nouveau Monde, par Antoine de Herrera, tranflaté d'Efpagnol en François. *Amfterd. Colin (Paris Joly)* 1622. *in* 4. *v. f.*

847 Hiftoire de la Découverte & Conquête du Perou, traduite de l'Efpagnol. *Amft.* 1700 *in* 12. 2 *vol. mar. viol.*

848 Relation des Voyages & des Découvertes que les Efpagnols ont faites dans les Indes Occidentales. *Amft.* 1698. *in* 12. *v. f.*

849 Hiftoire Naturelle & Morale des Ifles Antilles de l'Amérique. *Rotterd.* 1658. *in* 4. *mar.*

850 Hiftoire de la Virginie, traduite de l'Anglois. *Amft.* 1707. *in* 12. *m. v.*

851 Hiftoire des Incas ou Rois du Perou. *Amft.* 1704. 2 *vol. in* 12.

852 Hiftoire de la Conquête de la Floride, par Pierre Richelet. *Paris*, 1709. 2 *vol. in* 12. *v. f.*

853 Nouveaux Voyages aux Ifles de l'Amérique, par le Pere Labat. *Paris*, 1722. 6 *vol. in* 12. *v. f.*

854 Mœurs des Sauvages Américains, par le Pere Lafiteau de la Compagnie de Jefus. *Paris*, 1724. 2 *vol. in* 4. *v. f.*

855 Hiftoire de l'Ifle de Saint Domingue, 1730. *in* 4. 2 *vol.*

856 Hiftoire des Sevarambes *Amft.* 1726. 2 *tomes en un vol. in* 12. *v. f.*

E

HISTOIRE UNIVERSELLE.

857   Idée Générale de l'Histoire Universelle , par Germain Sibin. *Mayence , in 12. v. f.*

858   Discours sur l'Histoire Universelle, par M. Bossuet , avec la suite. *Paris , 2 vol. in 12.*

859   Discours sur l'Histoire Universelle , par M. Jacques-Benigne Bossuet. *Paris , 1732. in 4. gr. p.*

860   Histoire du Monde , par Chevreau. *Paris , 1717. 8 vol. in 12.*

861   Le Mercure Hollandois commencé en 1672 jusqu'en 1684. inclusivement , 13 *vol. in 12.*

862   L'Espion Turc dans les Cours des Princes Chrétiens. *Cologne , 1715. 6 vol. in 12. v. f.*

863   Lettres Historiques commencées en Janvier 1692. & continuées jusqu'à présent , *in 12. v. f.*

864   Le Mercure Historique commencé en Novembre 1696. jusqu'en 1730. 104 *vol. in 16. v. f.*

865   L'Esprit des Cours de l'Europe commencé en Juillet 1699. jusques. & compris Décembre 1710. 19 *vol. in 12.*

866   La Clef du Cabinet des Princes commencée en 1704. 24. *vol. in 8.*

HISTOIRE ECCLESIASTIQUE.

I.

Histoire des Juifs.

867   Histoire de Joseph , traduite par Arnauld Dandilly. *Amst. 1700. 2 vol. in fol. gr. p. v. f.*

868   Histoire des Juifs depuis J. C. jusqu'à présent. *Paris , 1710. 7 vol. in 12.*

869   Histoire du Peuple de Dieu , par le Pere Ber-

ruyer. *Paris*, 1728. 8 *vol. in* 4.

870 Lettres Critiques fur les Defcendans de Moyfe qui pafferent de Chanaan en Egypre , *in* 12. *v. f.*

871 Hiftoire de la Vie de David , par l'Abbé de Choify. *Paris , in* 4. *mar. r. fig.*

872 Hiftoire Sainte , par Nicolas Talon. *Paris , 1669. in fol. gr. p. mar. r. 2 vol.*

I I.

Hiftoire Eccléfiaftique Générale.

873 Hiftoire de l'Eglife d'Eufebe, &c. traduite par Coufin. *Paris , 4 vol. in* 4.

874 La même. *Amft.* 1686. 5 *vol. in* 12.

875 Mémoires pour fervir àl'Hiftoire Eccléfiaftique des fix premiers Siécles , par le Nain de Tillemont. *Paris* 1720. 16 *vol. in* 4. *v. f. d. f. t.*

876 La même. *Bruxelles ,* 9 *vol. in* 12. *mar. viol.*

877 Hiftoire Eccléfiaftique de Fleury. *Paris ,* 1712. 36 *vol. in* 4.

878 Abrégé de l'Hiftoire Eccléfiaftique depuis la Création du Monde jufqu'en 1666. *Rotterdam,* 1700. 2 *vol. in* 12. *v. f.*

879 Hiftoire de l'Eglife depuis J. C. jufqu'à préfent, par Jacques Bafnage. *Rotterdam ,* 1699. *in fol.* 2 *vol. v f.*

I I I.

Hiftoire des Conciles & Vies des Papes.

880 Hiftoire du Concile de Pife , par Jacques I. enfant. *Amft.* 1724. *in* 4. *v. f.*

881 Hiftoire du Concile de Conftance , par le même. *Amft.* 1727 2e Edition , 2 *vol. in* 4. *v. f.*

882 Histoire du Concile de Basle, par le même. *Amsterdam*, 1731. *in* 4. *v. f.*

883 Histoire du Concile de Trente, par Fra-Paolo, traduite par Amelot de la Houssaye. *Amsterd.* 1696. *in* 4. *v.*

884 Ciacconius de Vitis Pontificum. *Roma*, 4 *vol. in fol. v. f.*

885 Histoire du Pontificat de Saint Leon le Grand, par Maimbourg. *Paris*, 1687. *in* 4.

886 L'Anti-Papesse, ou Erreur Populaire de la Papesse Jeanne, par Florimond de Raimond. *Cambray*, 1613. *in* 8. *v. f.*

I V.

Histoire des Ordres Monastiques & Militaires.

877 Courte & solide Histoire de la Fondation des Ordres Religieux, avec les figures de leurs habits gravées, par Adrien Schornebeck. *Amsterd.* 1688. *in* 8. *mar. verd*, *fig. enluminé.*

888 Histoire de la fondation des Ordres Religieux & Religieuses, avec les figures de leurs Habits. *Amsterd.* 1688. 2 *vol. in* 8, *g. p. m. verd.*

889 La même, avec l'Histoire de tous les Ordres Militaires ou de Chevalerie, avec les figures de leurs Habits. *Amster.* 1699. 2 *vol. in* 8, *g. p. m. r.*

890 Histoire des Ordres Monastiques Religieux & Militaires, par Heliot. *Paris*, 1714. 8 *vol. in* 4. *figur.*

891 Synopsis veterum Religiosorum criticum atque legum notis ad constitutiones Clericorum Regularium vulgo theatinorum comprehensa opera & studio Antonii Caractioli. *Parisiis*, 1661. *in* 4.

892 Statuts du Monastére de S. Claude. *Paris*, 1704. *in* 4.

893 Mémoires du Cardinal de Bouillon, concernant Clugny, *in 4, m. r.*

894 Historia dell' origine de gli Ordini Equestri *in 4.*

895 Histoires de tous les Ordres Militaires ou de Chevalerie, avec figures, d'Adrien Schornebeck. *Amsterd. 1699. 3 vol. in 12, v. f.*

896 Histoire des Chevaliers de Malte, par l'Abbé de Vertot. *Paris, 1726. 4 vol. in 4, v. f.*

896* Statuts de l'Ordre de S. Michel. *MS. sur vélin avec miniatures, in 4, m. à comp.*

897 Les Statuts de l'Ordre de S. Michel. *Paris, de l'Imprimerie Royale, 1725. in 4, m. r.*

898 Les Statuts de l'Ordre du S. Esprit, *de l'Imprimerie Royale, 1703. in 4, m. r.*

V.

Vies des Saints & des Personnes illustres en Piété.

899 Legende des Saints nouveaux tirée de Vincent Historial, par les RR. PP. Julien, de l'Ordre de S. Augustin & Jean Bathalier, de l'Ordre des Jacobins. *Lyon, 1477. in 4, goth. v. f. imparfait de sept feuillets.*

900 Les Vies des Peres du deserts, traduites en François, par M. Arnauld d'Andilli. *Paris, 1701. 3 vol. in 8, v. br.*

901 Vie des Saints, par Baillet. *Paris, 1701. 12 vol. in 8, v. f.*

902 La Vie des Saints, par Baillet. *Paris, 1704. in fol. 4 vol. g. p.*

903 Les Vies des Saints pour tous les jours de l'année. *Paris, Lottin, 1734. 2 vol. in 4, r. v.*

904 Discours sur l'Histoire de la Vie des SS. *Paris, Rouland, 1701. in 8.*

905   Invocation & Imitation des Saints. *Paris,* 1721. 4 *vol. in* 16 , *fig. de le Clerc, v. marb.*

906   Eloges hiſtoriques des Saints. *Paris,* 1697. 3 *vol. in* 12 , *m. r.*

907   La Vie de Dom Barthelemy des Martyrs. *Paris,* 1663. *in* 4 , *v. f.*

908   La Vie de Vincent de Paule , Inſtituteur de la Congrégation de la Miſſion. *Paris,* 1698. *in* 8 , *mar. r.*

909   La Vie de l'Evêque de Cahors , par le P. Chaſtenet. *Cahors,* 1663. *in* 12.

910   La Vie de l'Abbé du Val Richer , par le P. Buffier. *Paris,* 1696. *in* 12.

911   La Vie de Meſſire Jean Darenton d'Alex. Evêque & Prince de Genêve. *Lyon,* 1697. *in* 8 , *m. r.*

912   La Vie de Benigne Joly , dit le Pere des Pauvres. *Paris,* 1700. *in* 8 , *m. r.*

913   La Vie du Venérable Pere Bernard. *Paris,* *in* 12 , *m. r.*

914   La Vie de Dom Armand le Bouthilier de Rancé , Abbé & Reformateur de la Trappe, par M. Marſollier. *Paris,* 1703. *in* 4.

915   La Vie du bon Henry, Me. Cordonnier à Paris, Inſtituteur des freres Cordonniers & Tailleurs. *Paris,* 1670. *in* 12.

916   La Vie de Sainte Agnès de Monpolitien, Religieuſe de l'Ordre de S. Dominique. *Paris,* 1728. *in* 12 , *m. r.*

917   La Vie de la vénérable Mere Marguerite-Marie, Religieuſe de la Viſitation de Sainte Marie , du Monaſtere de Paray - le - Monial en Charolois. *Paris,* 1729. *in* 4.

VI.

Hiſtoire des Religions , des Héréſies & Héréſiarques.

919   Cérémonies & Coutumes Religieuſes des Peu-

ples indolâtres avec figures. *Amst.* 1723. *& suiv.*
7 *vol. in fol. m. bl.*

920   Histoire des Religions du monde, par Jovet.
Paris, 1724. 6 *vol. in* 12, *v. f.*

921   Histoire critique des Dogmes & des Cultes bons
& mauvais de l'Eglise, par le P. Jurieu. *Amster.*
1704. *in* 4, *v. f.*

922   Histoire du Wiclefianisme. *Amster.* 1682. *in*
16, *v. f.*

923   Dialogues sur les matieres du Tems, concer-
nant la Religion & autres Piéces, touchant la
Foy violée à Jean Hus. *Amst.* 1700. 2 *Tom. en*
un vol. in 12, *v. f.*

Histoire Ancienne, Greque & Romaine.

924   Histoire Ancienne, par M. Rolin. *Paris,* 1730.
13 *Tom. en* 14 *vol. in* 12, *v. f.*

925   Diodori Siculi Bibliothecæ, Libri XVI. Gr.
Lat. *Hanoviæ,* 1604. *in fol. v. f.*

926   Les Antiquitez Romaines de Denys d'Haly-
carnasse, traduites par M. l'Abbé Bellanger. *Paris,*
1723. 2 *vol. in* 4, *g. p.*

927   Les Histoires d'Herodote mises en François,
par le P. du Ryer. *Paris,* 1658. *in fol.*

928   C. Julii Cæsaris quæ extant. Tabulis æneis or-
natæ. *Londini,* 1712. *in fol. cum figuris æneis.*
C. M.

929   Commentaires de César, traduits par d'Ablan-
court, 1658 *in* 4, *v. f.*

930   Tacite avec des Notes Politiques & Historiques,
par Amelot de la Houssaye. *Rotterd.* 1716. 4 *vol.*
in 12, *v. f.*

931   Histoire Romaine, par Xiphilin, Zonare &
Zozime, traduite par M. Cousin. *Paris,* 1678.
in 4.

932   La même, *Edition de Holland.* 2 *vol. in* 12.

933   C. Suetonii tranquilli opera ex editione Samue-

lis Pitisci. *Leowardiæ*, 1712. 2 *vol. in* 4, *vélin.*

934   Suetone Tranquille, de la Vie des XII. Césars. *Lyon*, 1556. *in* 4, *mar. à comp.*

935   Histoire des Empereurs, par le Nain de Tillemont. *Paris*, 1720. 5 *vol. in* 4, *v. f. d. f. t.*

936   La même, *édit. de Holland.* 8 *v. in* 12 *m. cit.*

937   Histoire d'Auguste. *Rotterd.* 1690. *in* 12, *v. f.*

938   Histoire de Constantin le Grand, par le P. Bernard de Varennes. *Paris*, 1728. *in* 4.

929   Histoire Romaine, depuis la fondation de Rome, par les P. P. Catrou & Rouillé. *Paris* 1725. *& fuiv.* 20 *vol. in* 4 *g. p. v. f.*

940   Histoire Romaine, depuis sa fondation, jusqu'à Constantin, par Echard. *Paris*, 12 *vol. in* 12, *v. f.*

941   Histoire Romaine, par M. Rollin. *Paris*, 1738. 3 *vol. in* 12, *v. marb.*

942   Histoire des Grands Chemins de l'Empire Romain, par Nicolas Bergier. *Paris*, 1622. *in* 4, *m. verd.*

943   La même, 2e. édition. *Bruxelles*, 1728. 2 *vol. in* 4, *g. p. v. f.*

HISTOIRE BYZANTINE.

944   Histoire de Constantinople, traduite par Coufin. *Amst.* 1695. *in* 12. 8 *tom. en* 11 *vol.*

HISTOIRE D'ITALIE.

945   Les Princes Souverains de l'Italie, ou Traité de leurs Etats, forces, &c. par N. Samson. *Paris*, 1707. *in* 12. *v. f.*

946   Description de l'Italie de Blaeu, *in fol. m. r.*

947   Nouveau Théatre d'Italie. *Amsterd. Mortier*, 1704. 4 *vol. in fol. g. p.*

948   Italiæ brevis & accurata descriptio. *Ultrajecti*, 1650. *in* 16.

949 Les Curiosités de l'une & de l'autre Rome, par le P. Nicolas de Bralion. *Paris*, 1655. *in* 8. *mar. rouge.*

950 { L'Ancienne Rome, par François de Seyne. *Leyde*, 1713. 2 *vol. in* 12. *mar. verd.*
Rome Moderne, par le même. 6 *tom. en* 4 *vol. mar. verd.*

951 L'Etat du Siége de Rome en 1557. *Cologne*, 1707. 2 *tom. en* 1 *vol. in* 12. *m. v.*

952 Il Tribunale della S. Rota Romana, descritto da Domenico Bernino. *In Roma*, 1717. *in fol. v. f.*

953 La Vie de Cæsar Borgia, traduite de l'Italien. 1671. *in* 12. *m. v. double*, *v. f.*

954 Etat ancien & moderne des Duchés de Florence, Mantouë & Parme. *Utrecht*, 1711. *in* 8. *m. r.*

955 La Ville & la République de Venise, par de S. Didier. *Amst.* 1680. *in* 12. *m. r.*

956 Histoire du Gouvernement de Venise, par Amelot de la Houssaye. *Amst.* 3 *vol. in* 12. *m. verd.*

957 Piéces du mémorable Procès émû l'an 1606. entre le Pape Paul V. & les Venitiens. *in* 8. *veau fauve.*

958 L'Etat de la République de Naples sous le Gouvernement de M. le Duc de Guise, trad. de l'Italien par Mlle Lauredon. *Paris, Leonard*, 1679. *in* 16. *mar. verd.*

959 Théatre de la Savoye & du Piémont. *La Haye*, 1700. 2 *vol. in fol.*

960 La Sardaigne Paranimphe de la Paix. *Boulogne*, 1714. *in* 12. *v. f.*

HISTOIRE DE FRANCE.

961 Bibliotheque Historique de la France, par Jacq. le Long. *Paris*, 1719. 2 *vol. in folio gr. pap. v. f.*

Notice générale du Royaume.

962   Defcription de la France de Blaeu. 2 *vol. in fol.*
m. r.

963   Defcription Hiftorique & Géographique de la
France Ancienne & Moderne, par l'Abbé de Lon-
gueruë. 1722. *in fol.*

964   L'Etat de la France, par le P. Ange. *Paris,*
1722. 5 *vol. in* 12.

965   Nouveau Dénombrement du Royaume, par
Généralités, Elections, Paroiffes & Feux. *Paris,*
1720. *in* 4.

966   Gallia Chriftiana, opera & ftudio Dionyfii Sam-
marthani. *Parifiis,* 1715. 4 *vol. in fol. c. m. m. r.*

967   Recueil Hiftorique, Chronologique & Topo-
graphique des Archevêchés, Evêchés, Abbayes
& Prieurés de France, tant d'Hommes que de
Filles, par Dom Beaunier. *Paris, Mefnier,* 1726.
2 *vol. in* 4.

Hiftoire générale de France.

968   Oeuvres d'Etienne Pafquier. *Amft.* (*Trévoux*)
1723. 2 *vol. in fol.*

969   La Défenfe de la Monarchie Françoife contre
Junius Brutus. *Touloufe,* 1614. *in* 4. *mar.*

970   De la Providence de Dieu fur les Rois de Fran-
ce, par M. Gabriel de Saunoy. *Lyon, Jore,* 1568.
in 4. *m. r.*

971   Hiftoire Critique de l'Etabliffement de la Mo-
narchie Françoife dans les Gaules, par l'Abbé
Dubos. *Paris, Ofmont,* 1734. 3 *vol. in* 4.

972   { Hiftoriæ Francorum Scriptores coætanei
collecti, ftudio And. & Franc. du Chefne.
Parif. 1636. *& feq.* 5 *vol. in fol. gr. p.*
Hiftoriæ Normannorum Scriptores antiqui
editi ab Andr. du Chefne. *Parif.* 1619. *in fol.*

973 La Cronique de Turpin. *Lyon*, 1583. *in* 8. *v. f.*

974 Histoire de France de Paul Æmile, trad. en François par Renart. *Paris*, 1598. *in fol. mar. rouge.*

975 Mémoires des Gaules, depuis le Déluge jusqu'à l'Etablissement de la Monarchie Françoise, par Scipion du Pleix. *Paris*, 1619. *in* 4. *m. verd.*

976 Histoire de France, par Mézeray. *Paris, Guille-mot*, 1643. 3 *vol. in fol. mar. viol.*

977 Abregé de la même Histoire, par Mezeray. *Paris, Bilaine*, 1668. 3 *vol. in* 4. *m. r. à comp.*

978 Histoire de France, depuis l'Etablissement de la Monarchie Françoise dans les Gaules, par le Pere Daniel, de la Comp. de Jesus. *Paris*, 1722. 7 *vol. in* 4. *gr. p.*

979 Les Monumens de la Monarchie Françoise, par le P. de Montfaucon. *Paris*, 1729. 5 *vol. in fol. gr. p. v. f.*

Histoire de France particuliere sous chaque Regne.

980 Histoire & Chronique du très-chrérien Roi S. Louis, escrite par Jehan Sire Seigneur de Join-ville, & mise en lumiere par Anthoine-Pierre de Rieux. *Poicliers*, 1547. *in* 4. *mar. r.*

981 L'Histoire Chronique du Roi S. Louis, par Jean Sire de Joinville. *Geneve*, 1596. *in* 16. *m. verd.*

982 Histoire & Chronique de S. Louis, écrite par Jean Sire de Joinville, enrichie de nouvelles Dis-sertations, par Dufrêne sieur Ducange. *Paris*, 1668. *in fol. maroq. r.*

983 Histoire de l'Empire de Constantinople sous les Empereurs François, par Ville Hardouin, avec les observations de Ducange. *Paris, de l'Imprim. Royale*, 1657. *in fol. mar. r.*

984 Histoire du Differend d'entre le Pape Boniface

VIII. & Philippe le Bel Roi de France, depuis 1296. jusqu'en 1311. publiée par Dupuy. *Paris, 1655. in fol. mar. r.*

985 Histoire de Charles VI. & des choses arrivées depuis 1380. jusqu'en 1422. Jean Juvenal des Ursins Archevêque de Rheims, avec les preuves par Denis Godefroy. *De l'Imprim. Royale, 1653. in fol. maroq. r.*

986 Histoire de Charles VII. depuis 1421. jusqu'en 1461. par les Historiens contemporains, publiée par Denis Geoffroy. *De l'Imprimerie Royale. 1661. in fol. mar. r.*

987 Les Mémoires de Philippe de Comines, contenant l'Histoire des Rois Louis XI. & Charles VIII. depuis 1464. jusqu'en 1498. publiées par Denis Godefroy. *De l'Imprimerie Royale, 1649. in fol. mar. r.*

988 Les mêmes. *Bruxelles, 1706. 3 vol. in 8. v. f.*

989 Le Cabinet du Roi Louis XI. *Paris, 1661. in 12. mar. r.*

990 Remontrances faites au Roi Louis XI. sur les Privileges de l'Eglise Gallicanne ; plus, l'Institution & Ordonnance des Chevaliers de S. Michel. *Paris, Sertenas, 1561. in 8. m. r.*

991 Les Ordonnances, Statuts & Institutions de plusieurs Rois de France depuis S. Louis. *Paris, Savetier, 1534. in 4. got. v. f.*

992 La Toison d'Or du bon Duc Philippes de Bourgogne. *Paris, 1317. in fol. m. v. à comp.*

993 Histoire de Charles VIII. par les Historiens contemporains, depuis 1483. jusqu'en 1498. enrichie de plusieurs Pieces historiques, par D. Godefroy. *Paris, de l'Imprimerie Royale, 1624. in fol. m. r.*

994 Lettres du Roi Louis XII. & du Cardinal d'Amboise. *Bruxelles, 1712. 4 vol. in 12. v. f.*

995 La Vie du Prince Jean Comte d'Angoulême, ayeul du Grand Roi François, par Jean Dupont

Sieur des Rosiers. *Angoulême, Desminieres,* 1589. *in* 4.

996   L'Enterrement de Claude de Lorraine, Duc de Guise. *Paris,* 1551. *in* 8. *m. bl.*

997   Mémoires touchant M. de Thou. *Cologne,* 1710. *in* 8.

998   Lettres Missives & Familieres d'Estienne Dutronchet, *Paris,* 1569. *in* 4. *m. r.*

999   Mémoires de Castelnau, depuis 1559. jusqu'en 1570. par le Laboureur. *Paris,* 1659. 2 *vol. in fol.*

1000   Mémoires de Condé, un Recueil des choses mémorables pour le fait de la Religion. 1565. 3 *vol. in* 12. *v. f. d. s. t.*

1001   La vraye & entiere Histoire des Troubles & Guerres Civiles de notre tems, par le Frere de Lavalle. *Paris, de la Noüe,* 1574. *in* 8. *v. f.*

1002   Le Tocsin contre les Massacreurs. *Paris,* 1572. *in* 8. *maroq. r.*

1003   Le Cabinet du Roi de France, dans lequel il y a trois perles prétieuses, &c. 1582. 2 *vol. in* 8. *mar. r.*

1004   La Vie & Faits notables de Henry de Valois, où sont contenuës les trahisons perfidies, avec plusieurs autres Pieces. 1589. *in* 8. *mar. r.*

1005   Mémoire de la Reine Marguerite. *Bruxelles, Fopens,* 1658. *in* 16. *m. verd.*

1006   Mémoires d'Etat de M. de Villeroy. *Paris,* 1665. 4 *vol. in* 12. *mar. r.*

1007   Mémoires de Maximilien de Béthune Duc de Sully. *Amst.* 2 *vol. in fol. m. r.*

1008   Les mêmes. *Paris,* 1663. 7 *vol. in* 12. *maroq. r.*

1009   Journal du Regne de Henry III. avec des notes. *Cologne, (Bruxelles)* 1720. 2 *vol. in* 8. *v. f. d. s. t.*

1010   Mémoires pour servir à l'Histoire de France, depuis 1515. jusquen 1611. par M. de l'Etoille.

Cologne, 1719. 2 *vol. in* 8. *fig. v. f. d. f. t.*

1011 Journal du Regne de Henry IV. par Pierre de l'Etoille. *Paris*, 1732. 2 *vol. in* 8. *v. f.*

1012 Lettres du Cardinal d'Offat. *Paris*, 1627. *in* 8.

1013 L'Hiftoire de France, & des chofes mémorables advenues fous le Regne du Roi Henry IV. par Pierre Mathieu. *Paris*, 1607. 2 *vol. in* 8. *v. brun.*

1014 Hiftoire des Amours de Henry IV. avec des Lettres à fes Maîtreffes. *Leyde*, (*Rouen*) 1664. *in* 12. *v. f.*

1015 Chronologie Septenaire. *Paris, Richer*, 1606. *in* 8. *parch.*

1016 Le Mercure François, commençant en 1605. & finiffant en 1644. (par Jean Richer.) *Paris, Richer*, 1619. *& fuiv.* 25 *tom. en* 52 *vol. in* 8. *en veau.*

1017 La Vie de M. de Turenne. *Villefranche*, 1676. *in* 16. *v. f.*

1018 Hiftoire de la Mere & du Fils, de Louis XIII. & de Marie de Médicis, par Mezeray. *Amft.* (*Trévoux*) 1731. *in* 12. *v. f.*

1019 Hiftoire du Régne de Louis XIII. par le Vaffor. *Amft.* 1700. 17 *vol. in* 12. *v. f.*

1020 Les Triomphes de Louis le Jufte XIII. du nom. 1649. *in fol. m. r.*

1021 { Mémoires du Maréchal de Baffompierre. *Cologne*, 1665. 2 *tom. en* 3 *vol. in* 12. *mar. n.* —— Ses Ambaffades en Suiffe. *Paris*, 1668. 3 *vol. in* 12. *m. r.*

1022 Hiftoire du Maréchal de Matignon, par de Caillieres. *Paris*, 1661. *in fol.*

1023 Mémoires de Brantome. *Leyde*, 10 *vol. in* 12. avec les Duels. *v. f.*

1024 Lettres du Cardinal de Richelieu. *Paris*, 1696. 2 *vol. in* 12. *v. f.*

1025 Teftament politique du Cardinal de Richelieu. *Amſt.* 17   2 *vol. in* 12. *v. f.*

1026 Mémoires de Montreſor. *Cologne*, 1664. *in* 12. 2 *vol. mar. cit.*

1027 Bouclier d'Etat & de Juſtice contre le deſſein découvert de la Monarchie univerſelle. 1667. *in* 16.

1028 Mémoires de Madame de Motteville. *Amſt.* 1723. 5 *vol. in* 12.

1029 Mémoires de Meſſire Roger de Rabutin, Comte de Buſſy. *Paris*, 1696. *in* 4. 2 *vol.*

1030 Mémoires du Duc de Navailles & de la Valette. *Amſt.* 1701. *in* 12. *m. r.*

1031 Mémoires de M. le Duc de Guiſe. *Cologne*, 1668. *in* 16. *m. r.*

1032 Intrigues ſecrettes de la France dans diverſes Cours de l'Europe, pendant la Minorité de Louis XIV. *Amſt.* (*Paris*) 1733. 3 *vol. in* 12. *v. f.*

1033 Médailles ſur les principaux événemens du Régne de Louis le Grand, depuis 1638. juſqu'en 1700, avec des Explications Hiſtoriques. *Paris, de l'Imp. Royale,* 1702. *in fol.*

1034 Les mêmes, 2e Edition continuée juſqu'à la mort de Louis XIV. *Paris, de l'Impr. Royale,* 1723. *in fol. m. r.*

1035 Mémoires de ce qui s'eſt paſſé en France en l'année 1652. *MS. in* 4. *m. r.*

1036 Mémoires de M. le Duc de la Rochefoucault & de M. de la Châtres, contenant l'Hiſtoire de la Minorité de Louis XIV. *Amſterdam,* 1700. *in* 12. *v. br.*

1037 Mémoires de M. Lenet. *Paris,* 1729. 2 *vol. in* 12. *v. f.*

1038 Mémoires du Cardinal de Retz. *Paris,* 1715. 5 *vol. in* 12, *v. f.*

1039 Mémoires de Joly. *Paris* 1718. 2 *vol. in* 12, *v. f.*

1040 Hiſtoire des Démêlés de la Cour de France

avec celle de Rome, au sujet de l'affaire des Corrses, par Regnier Desmarais, 1707. *in 4.*

1041   Testament politique de M. Colbert. *La Haye*, 1693. *in 12. m. verd.*

1042   Histoire du Prince de Condé. *Cologne*, 1695. *in 12, m. verd.*

1043   Négotiations de la France, touchant la Paix de Munster. *Amster.* 1710. *2 vol. in 8, v.f.*

1044   Testament politique du Marquis de Louvois. *Cologne*, 1695. *in 12, m. verd.*

1045   Histoire du Siége de Toulon. *Paris*, 1707. *in 4.*

1046   Histoire du Marechal Duc de Bouillon. *Amst.* 1726. *3 vol. in 12, v.f.*

1047   Mémoires du Marquis de Monglat. *Amster.* (*Roüen*) 1727. *4 v. in 12, v.f.*

1048   Mémoires de M. le Marquis de Feuquiere. *Paris*, 1736. *in 4, v.f.*

1049   Mémoire de la Régence de M. le Duc d'Orleans durant la minorité de Loüis XV. *La Haye*, 1729. *3 vol. iu 12, v.f.*

1050   Mémoires du Comte de Forbin, Chef d'Escadre. *Amster.* (*Trevoux.*) 1730. *2 vol. in 12 v.f.*

1051   Mémoites de M. Duguay Trouin, 1740. *in 4, v. br.*

Histoires des Provinces & Villes de France.

1052   Les Antiquités & choses plus remarquables de la Ville de Paris, par Pierre Bonfons. *Paris*, 1608. *in 8, m. r.*

1053   { Les Antiquités de la Ville de Paris, par Malingre. *Paris*, 1640.
       Les Annales Générales de la Ville de Paris, par le même. *Paris*, 1640. *fol. mar. gr. p.*

1054   Les Antiquités de Paris, par Sauval. *Paris*, 1724. *3 vol. in fol. g. p. v. f.*

1055

1055 Defcription de la Ville & Fauxbourg de Paris en vingt Planches, dreffées par ordre de M. d'Argenfon. *Paris, de la Caille, 1714. in fol. gr. p. mar. verd.*

L'on a joint à cet Exemplaire les huit Plans qui fe trouvent dans le Traité de la Police du Commiffaire de la Mare.

1056 Defcription de la Ville de Paris, par Germain Brice. *Paris, 1706. 2 vol. in 12.*

1057 Hiftoire de la Ville de Paris, par D. Felibien. *Paris, 1725. 5 vol. in fol. gr. p. v. f. d. f. t.*

1058 Hiftoire de la Ville de Paris, par M. l'Abbé des Fontaines. *Paris, 1735. 5 vol. in 12. veau marbré.*

1059 Hiftoire de l'Abbaye Royale de Saint Germain des Prez, par Dom Bouillard. *Paris, 1724. in fol. gr. p. v. f.*

1060 Hiftoire de l'Abbaye Royale de Saint Denis, par Dom Felibien. *Paris, 1708. in fol.*

1061 Hiftoire Générale de l'Hôpital Général de Paris. *Paris, 1676. in 4.*

1062 Verfailles Immortalifé, en Vers, avec figures. *Paris, 1720. 2 vol. in 4. v. f.*

1063 Defcription du Plan de la Trappe, par le Frere Pacôme. *Paris, 1708. in 4. gr. p. mar. r. fig.*

1064 Hiftoire des Rois, Ducs & Comtes de Bourgogne, par André du Chefne. *Paris, 1619. 2 vol. in 4. mar. r.*

1065 L'Origine & Antiquité de la Cité de Lyon compofé en Latin par Simphorien Champier, & tranflaté en François par G. Ramezé.

Plus, l'Hiftoire du Noble Prince nommé Palan, Comte de Lyon, *in 4. MSS. fur velin, avec miniatures, mar. citr.*

1066 Eloge Hiftorique de Lyon, ou Hiftoire Abrégée de la Ville de Lyon ancienne & moderne. *Lyon, 1711. in 4.*

1067 Hiftoire Litteraire de la Ville de Lyon avec

une Bibliotheque des Autheurs Lyonnois. *Lyon,* 1728. 2 *vol. in* 4. *gr. p.*

1068   Les Geftes des Tolofans & d'autres Nations de l'environ. *Tolofe.* 1555. *in* 4. *mar. viol.*

1069   L'Antiquité de Bordeaux , par Elie Viner. *Bordeaux ,* 1574. *in* 4. *mar. bl.*

1070   Vefontio Civitas Imperialis libera féquanorum Menopolis à Jo. Jacobo Chiffletio. *Lugd.* 1650. *in* 4.

1071   Inftruction pour le Franc-aleu de la Province de Languedoc., *in fol.*

Mélanges Hiftariques de l'Hiftoire de France.

1072   Origines des Dignités & Magiftrats de France, par Claude Fauchet. *Paris ,* 1600. *in* 8. *v. f.*

1073   Hiftoire des Connêtables , Chanceliers & Gardes des Sceaux & Grands Maitres de la Maifon du Roy avec leurs armes & Blafon , par Jean le Feron , revûe par Denis Godefroy. *Paris , Imprimerie Royale ,* 1658. *in fol. gr. p. mar. r.*

1074   Hiftoire des Chanceliers & Gardes Sceaux de France, par du Chefne. *Paris ,* 1680. *in fol. gr. p. mar. r.*

1075   Hiftoire de la Milice Françoife par le P. Gabriel Daniel. *Paris ,* 1721. *in* 4. 2. *vol. g. p.*

1076   Les Familles de France , illuftrées par les monumens des médailles. *Paris ,* 1636. *in fol.*

1077   Genealogiæ Francicæ Plenior Affertio à Jo. Jac. Chiffletio. *Amft.* 1654. *in fol* 2. *vol.*

1078   Tableaux Genealogiques de la Maifon de France , par le P. Labbe. *Paris* 1652. *in* 12.

1079   Hiftoire Genealogique & Chronologique de la Maifon Royale de France. *Paris ,* 1726. *in fol.* 9 *vol. v. f.*

1080   Les Faftes des Roys de la Maifon d'Orleans & de celle de Bourbon. *Paris ,* 1697. *in* 8.

1081   Recherches curieufes des Monnoyes de France, depuis le commencement de la Monarchie, par Claude Bouteroüe. *Paris*, 1668. *in fol. g. p. mar.*

1082 Traité Historique des Monnoyes de France, par le Blanc. *Paris*, 1690. *in* 4.

1083 Le Ceremonial François. *Paris*, 1649. *in fol.* 2 *vol. mar. r.*

1084 Le Sacre de Henri II. *MS. Gothique en vers, sur velin avec miniature.*

I I I.
Histoire d'Allemagne.

1085 Origines Palatinæ Marquardi Freheri. 1613. *in fol.*

1086 Les bons mots & les belles actions de l'Empereur Charles V. *Anvers*, 1693. *in* 12. *m. c.*

1087 La Vie & les Actions de l'Empereur Charles V. *Amst.* 1704. 2 *vol. in* 12 *v. f.*

1088 Discours Historique de l'Election de l'Empereur & de l'Origine des Electeurs. 1711. *in* 8. *v. f.*

1089 Batailles du Prince Eugene de Savoye. *La Haye*, 1725. *in fol.*

1090 Les Campagnes du même. *grand in fol. fig.*

1091 La Vie du Prince Eugene. *Amst.* 1714. *in* 12.

1092 Memoire pour l'Histoire du Prince Eugene de Savoye. *La Haye*, 1710. 2. *vol. in* 12. *m. vert.*

1093 Histoire du Prince François, Eugene de Savoye, Generalissime des Armées de l'Empereur. *Trevoux*, 1741. 5 *vol. in* 12. *v. b.*

I V.
Histoires des Pays-Bas.

1094 Novum ac magnum Theatrum Urbium Belgiæ à Joan. Blaeu. 2 *vol. in fol. vel.*

1095 L'état des Provinces Unies. *Amst.* 1690. *in* 16. *v. b.*

1096 Les Délices de la Hol. *Amst.* 1678. *in* 12. *mar.*

1097 Histoire Generale de la Guerre de Flandres, par Gabriel Chapuys. *Paris, in* 4. 2 *vol. m. vert.*

1098 Recherches modestes des causes de la presente Guerre, en ce qui regarde les Provinces Unies, par Dumont. *La Haye,* 1703. *in* 12. *m. vert.*

1099 Aula sacra principum Belgii, autore Julio Chiffletio. *Antverpiæ,* 1590. *in* 4.

V.
Histoire de Lorraine.

1100 Considerations Historiques sur la Genealogie de la Maison de Lorraine. *Paris,* 1642. *in fol. m. vert g. p.*

1101 Histoire de Lorraine par le P. Calmet. *in fol.* 4 *vol. Nancy,* 1728.

V I.
Histoire de Suisses.

1102 Les Delices de la Suisse. *Leyde,* 1714. 4 *vol. in* 12. *maroq. r.*

1103 La République des Suisses, traduite du Latin, de Josias Simler. *Paris,* 1578. *in* 8. *parch.*

VII.
Histoire d'Espagne & de Portugal.

1104 Etat present d'Espagne, avec un Voyage d'Angleterre, 1728. *in* 12. *v. m.*

1105 Histoire generale d'Espagne, tirée de Mariana. *Paris,* 1723. 8 *vol. in* 12.

1106 Testament & Codicile de Charles II. Roy d'Espagne, fait le 2 Octob. 1700. *la Haye,* 1701. *in* 12. *v. f.* (*Rouen.*)

1107 Histoire de Ferdinand Alvares de Tolede, Duc d'Albe. *Paris,* 1699. 2 *vol. in* 12. *v. f. d. s. t.*

1108 Histoire du Cardinal Ximenes, par M. de Marsolier. *Paris*, 1704. 2 *vol. in* 12. *v. f. d. s. t.*

1109 Histoire du Cardinal Alberoni depuis sa naissance jusqu'en 1719. *la Haye*, 1719. *in* 12.

1110 Dissertatio de Vexillo Regali in Castelatensi Pugna Francis. Erepta armis Philippi IV. à Jo. Chiffletio. *Antverp.* 1642. *in* 4.

1111 Insigna Gentilitia Equitum ordinis Velleris aurei, specialium verbis Enuntiata, à Joanne Jacobo Chiffletio, Latine & Gallice producta. *Antverpia*, 1632. *in* 4.

1112 Histoire generale de Portugal, par le Quien de la Neuville. *Paris*, 1720. *in* 4. 2. *vol.*

VIII.
Histoire d'Angleterre.

1113 Théatre de la Grande Bretagne. *Londres*, 1716. 3 *vol. in folio. gr. p.*

1114 Matthæi Paris. Monachi Albanensis Angli Historia major. *Londini*, 1640. *in fol.*

1115 Fœdera conventiones, litteræ & cujuscumque Generis acta publica inter Reges Angliæ & alios quosvis Imperatores, Reges, Pontifices & ab anno 1101. ad nostra usque Tempora, in lucem missa de mandato Annæ Reginæ accuranté Thoma Rymer, & post illum Rob. Sanderson, anno 1704. ad annum 1717. *Londini*, 16 *vol. in fol.*

1116 { Histoire d'Angleterre, par Rapin de Thoiras. *A la Haye*, 1724. 12 *vol. in* 4. *v. f. doré.*
{ Abregé & Extraits de Rymer. *in* 4.

1117 Histoire des Révolutions d'Angleterre, par le P. d'Orleans. *Paris*, 1693. 3 *vol. in* 4.

1118 Histoire des dern. Révolutions d'Angleterre, par Burnet. *La Haye*, 17.7. *in* 4. 2 *vol. v. f. doré.*

HISTOIRE

1119 Abregé de l'Histoire d'Angleterre, traduite de Langlois. *La Haye*, 1729. *in* 8.

1120 L'Origine & Progrês du schisme d'Angleterre, par Sanderus. 1587. *in 8. m. cit. à comp.*

1121 Histoire d'Elisabeth d'Angleterre, traduite de l'Anglois de Camden, par Paul Bellegent. *Paris*, 1627. *in* 4. *mar. vert.*

1122 Discours de la vie abominable, rufes, trahisons, impostures, desquelles a usé le Milord de Leceftre, traduit de l'Anglois. 1585. *in 8. m. vio.*

1123 La vie d'Olivier Cromwel. *Amft.* 1703. 2 *vol. in* 12. *fig. v. brun.*

1124 La Vie du General Monk, Duc d'Albemarle. *Londres*, 1672. *in* 16. {*mar. r.*

1125 Relation des veritables caufes qui ont contribué au rétabliffement du Roir de la Grande *Paris*, 1661. *in 8. mar. r.*

1126 Lettres du Chevalier Temple. *La Haye*, 1711. 2 *vol. in* 12. *v. f.*

1127 Lettres de M. le Chevalier Temples publiées par M. Jones. *La Haye*, 1725. *in* 16 *v. f.*

1128 Memoires de la derniere révolution d'Angleterre, par Gilbert Burnet. *La Haye*, 1702. *in 8. m. r.*

1129 Histoire de Guillaume III. Roy d'Angleterre. 3 *vol. in* 12. *Amft.* 1703. *v. f.*

1130 Histoire de Guillaume III. Roy d'Angleterre. *Amft.* (*Rouen*) 2 *vol. in* 12.

1131 L'Etat prefent de la Grande Bretagne, fous le Regne de la Reine Anne, par de Chamberlaine. *Amsterdam.* 1702. *in* 12. 2 *vol. v. f.*

1132 Histoire de Madame Henriette d'Angleterre. *Amsterdam*, 1720. *in* 12.

1133 Histoire de Henriette, par Madame de la Fayette. *Amft.* 1731. *in* 12.

1134 Histoire du Parlement affemblé à Weftmenfter en 1702. traduite de l'Ang ois. *Amft.* 170? *in* 12. *v. f.*

1135 Rapport du Comité Secret du Parlement de la Grande Bretagne, par Robert Walpolle, traduit de l'Anglois. *Amst.* 1715. *in* 8. *v. br.*

1136 Fautes des deux Cotés rapport à ce qui s'est passé depuis peu en Angleterre. *Rotterd.* 1711. *in* 8. *v. f.*

1137 La Conversion de l'Angleterre au Christianisme, traduit de l'Anglois, par le Pere Niceron. *Paris*, 1729. *in* 8. *v. f.*

1138 Traité du pouvoir des Rois de la Grande Bretagne. *Amst.* 1714. *in* 12. *v. f.*

1139 Apologie pour le serment de fidélité que le Roi de la Grande Bretagne requiert de tous ses Sujets. *Londres*, 1609. *in* 8. *m. r.*

I X.
Histoire Orientale.

1140 Théâtre de la Turquie, traduit de l'Italien, par le Fevre. *Paris*, 1682. *in* 4. *mar. verd.*

1141 Cosmographie du Levant, par Thevet, 1556. *in* 4. *mar. r.*

1142 Relation Journaliere du Voyage du Levant, par Henry Beauvau. *Nancy*, 1619. *in* 4. *fig. mar. marb.*

1143 Histoire de l'Etat Présent de l'Empire Ottoman, par Briot, avec figures, de Sebastien le Clerc. *Paris*, 1670. *in* 4. *m. c.*

1144 Anecdotes Secretes de la Maison Ottomane. *Amst.* 1722. 4 *vol. in* 16. *v. marb.*

1145 Histoire de Georges Castriot, surnommé Scanderberg. *Ville-Franche*, 1604. *in* 8. *mar.*

1146 Histoire de la derniere Révolution de Perse. *Paris*, 1718. *in* 12 2 *vol.*

X.
Histoire Asiatique.

1147 La Chine de Kircher. *Amst.* 1670. *in fol.*

1148 Description Géographique , Historique , Chronologique , Politique & Physique de l'Empire de la Chine , par le Pere J. B. du Halde. *Paris , 1735. 4 vol. in fol. fig. gr. p. mar. r.*

ANTIQUITE'S.

1149 Thesaurus Antiquitatum Græcarum conge-stus à Jac. Gronovio cum figuris. *Lugd. Bat. Vander Aa, 1699. 13 vol. in fol.*

1150. Thesaurus Antiquitatum Romanarum con-gestus à Jo. Georg. Grævio cum figuris. *Lugd. Bat. 1694. 12 vol. in fol.*

1151 Lexicon Antiquitatum , autore Samuele , Pitisco. *Leovvardiæ Halma , 1713. 2 vol. in fol.*

1152 Alb. Henr. de Sallengre novus Thesaurus Antiquitatum Romanarum cum figuris *Hagæ Comitum , 1716. 1718. & 1719. 3 vol. in fol.*

1153 Thesaurus Antiquitatum & Historiarum Ita-liæ. *Lug. Bat. 6 vol. in fol.*

1154 Jo. Gruteri Inscriptiones ex Recensione Jo. Georg. Grævii. *Amst. 4 vol. in fol.*

1155 { L'Antiquité expliquée & représentée en figures , par Dom Bernard de Montfaucon , *Paris , 1719. 10 vol. in fol. g. p.*
Supplément à l'Antiquité , expliquée par le même , 1724. 5 vol. in fol. g. p.

1156 Antiquités Sacrées & Prophanes des Romains, expliquées , ou Discours Historiques , Mytho-logiques & Philologiques avec figures. *La Haye, 1726. in fol. g. p.*

1157 Les Fastes des anciens Hebreux , Grecs & Romains , par Nicolas Vigier. *Paris , in 4, mar. cit.*

1158 Antiquitates Sacræ veterum Hebræorum de-lineatæ ab Hadriano Relando. *Traj. Bat. 1712. in 8 , m. v.*

1159 Capita Deorum & Illustrium Hominum quæ

collegit Jo. Mart. ab Ebermayer, cum Obſervationibus Hiſtoricis Evhardi Reuſch. *Francof.* 1721. *in fol. v. f. d. ſ. t.*

1160 Diſcours ſur la Religion des Anciens, avec la Caſtrametation des Anciens Romains, par du Choul. *Lyon*, 1581. *in* 4.

1161 Des Mœurs & des Uſages des Romains. *Paris*, 1739. *in* 12. *v. br.*

1162 Veterum Sepulchræ ſeu Mauſolea Romanorum, & Etruſcorum. *Lugd. Bat.* 1702. *in fol.* fig.

1163 Funérailles des Romains, Grecs & autres Nations, par Claude Guichard. *Lyon*, 1581. *in* 4. *mar. bl. à comp.*

1164 Jo. Jac. Chiffletii de Linteis Sepulchralibus Chriſti ſalvatoris Criſis Hiſtorica. *Antuerpiæ*, 1624. *in* 4.

1165 Anaſtaſis Childerici Francorum Regis ſive theſaurus ſepulchralis Tornaci nerviorum Effoſſus & Commentario illuſtratus à Jo. Jac. Chiffletio. *Antuerpiæ*, 1655. *in* 4.

1166 Icones & Segmenta quæ Romæ adhuc extant à Franciſco Perrier delineata & inciſa. *Roma*, 1645. *in fol. obl.*

1167 Admiranda Romanorum Antiquitatum ac veteris ſepulturæ veſtigia. notis J. P. Bellori illuſtrata. *in fol. v. f.*

1168 Ant. Boſii Roma ſubterranea opera & ſtudio Pauli Aringhi. *Roma*, 1651. *in fol.* 2 *vol.*

1169 Les Reſtes de l'Ancienne Rome recherchés avec ſoin & gravés, par Bonavanture Overbeke. *Amſt.* 1709. 3 *tomes en un vol. in fol. gr. p.*

1170 Diarium Italicum ſeu Monumentorum veterum Bibliothecarum Muſæorum notitiæ ſingulares in itinerario italico collectæ à R. P. Bernardo de Montfaucon. *Pariſiis, Aniſſon*, 1702. *in* 4.

Onuphrii Panvinii Antiquitates Veronenſes. *Veronæ*, 1648. *in fol.*

1172   Marmora Felrinea à Carolo cæfare Malvafia. *Bononiæ*, 1690. *in fol.*

1173   Jo. Macarii Canonici Arienfis Abraxas feu de Gemmis bafilidianis Difquifitio, à Jo. Chiffletio. *Antuerpiæ*, 1657. *in 4.*

1174   Abrahami Gorlæi Dactilotheca feu annulorum antiquorum fculptura, 1601. *in 4. velm.*

1175   Idem. *Lugd. Batavorum*, 1708. *2 vol. in 4. mar. r.*

1176   Frid. Adolfi Lampe de Cymbalis veterum *Traj. ad Rhenum*, 1703. *in 12. v. f.*

1177   Signorum Veterum Icones, per Gerardum Reynft Collectæ. *Amft. Viffcher, in fol. v. f.*

HISTOIRE DES MÉDAILES.

1178   La Science des Médailles. *Paris*, 1692. *in 12. v. br.*

1179   Difcours fur les Médailles & Gravures antiques, principalement Romaines, par Antoine le Pols. *Paris*, 1579. *in 4. mar. citr.*

1180   Promptuarium Iconum. *Lugduni*, 1553. *4. mar. r.*

1181   Suite de Médailles depuis Jules-Céfar jufqu'à Pofthume, *in 4. mar. r.*

1182   Imperatorum Romanorum Numifmata à Pompeio Magno ad Heraclium, aucta & illuftrata iconibus & Notis, per Mediobarbum Biragum. *Mediolani*, 1683. *in fol.*

1183   Hiftoria Augufta Imperatorum Romanorum à C. Jule-Cæfare ufque ad Jofephum Imperatorem. *Amft.* 1710. *in fol. cum Tab. enæis.*

1184   Thefaurus Brande-burgicus felectus numifmatum & gemmarum cum fuppellectili Antiquaria à Laurentio Begero defcriptus. *Coloniæ Marchica*, 1696. *3 vol. in fol.*

1185   Ejufdem numifmata Pontificum Romanorum, *in fol.*

1186 Series Nummismatum Antiquorum quæ non minore sumptu quam labore collegit. Guil. Baro de Crossier. *Leodii*, 1721. *in* 12.

1187 Nouvelle Explication d'une Médaille d'or du Cabinet du Roy. *Paris*, 1699. *in* 12.

1188 Le Grand Cabinet Romain, ou Recueil d'Antiquités Romaines, par Michel de la Chausse. *Amst.* 1706. *in fol.*

1189 Le Cabinet de la Bibliotheque de Sainte Geneviéve, par le Pére du Molinet. *Paris*, 1692. *in fol.*

HISTOIRE LITTERAIRE.

I.

Histoire des Sciences & des Arts.

1190 Paradoxe sur l'Incertitude Vanité & abus des Sciences, par Agrippa, 1603. *in* 12. *mar. r.*

1191 Description du Parnasse François exécuté en Bronze, par M. du Tillet. *Paris*, 1727. *in* 12.

1192 ¿Description de l'Académie Royale des Arts de Peinture & de Sculpture, par M. Guerin, *Paris*, 1715. *in* 12.

1193 Origine è Progressi della Stampa o sia dell' arte impressoria è notizie dell' opere Stampate dall' anno 1457. sine all' anno 1500. da Pelegrino Orlandi. *Bologna*, 1722. *in* 4. *v. f. d. sr.*

1194 Abcedario Pittorico da Fr. Pellegrino Orlandi. *Bologna* 1719. *in* 4. *v. f.*

1195 L'Académie des Sciences & des Arts, par Bullart. *Bruxelles*, 1682. *in fol.* 2 *vol.*

II.

Histoire des Académies.

1196 Histoire de l'Académie Françoise, par M. Pelisson. *Paris*, 1700. *in* 12. *v. f.*

1197 Histoire & Mémoires de l'Académie Royale des Inscriptions & Belles-Lettres, par M. Gros-de Boze, *Secretaire perpetuel de cette Académie. Paris, Imprimerie Royale*, 1717. *& suiv.* 10 *vol. in* 4 *fig.*

1198 Histoire & Mémoire de l'Académie Royale des Sciences depuis son établissement en 1666. jusqu'en 1634. 56 *vol. in* 4. *fig. v. f.*

1199 Les Machines & Inventions approuvées par l'Académie des Sciences avec leurs descriptions, par M. Godin. *Paris*, 1735. 6 *vol. in* 4. *v. f.*

III.
Bibliographie.

1200 Jugemens des Sçavans sur les principaux Ouvrages des Auteurs, par Adrien Baillet, avec les Notes de M. de la Monnoie. *Paris*, 1720. 7 *vol. in* 4. *gr. p. v. f.*

1201 L'Anti-Baillet, ou Critique des Jugemens des Sçavans de M. Baillet, par M. Menage. *La Haye*, 1690. *in* 8. *v. f.*

1202 Photii Bibliotheca, Gr. & Lat. *Rhotomagi*, 1658. *in fol.*

1203 Bibliothecæ Gesneri Epitome, per Jo. Simlerum & Jo. Jac. Frisium, Tiguri, 1583. *in fol.*

1204 La Biblioteque de la Croix du Maine. *Paris, Langelier*, 1584. *in fol. gr. p. m. cit.*

1205 La Bibliotheque d'Ant. Duverdier. *Lyon*, 1585. *in fol. v. f. dor. s. t.*

1206 { Nicolai Antonii Bibliotheca Hispana Nova. *Roma*, 1672 2 vol. *in fol. v. f. d. f. t.*
Ejufdem Bibliotheca Hispana vetus. *Ibidem*, 1696. *in fol. v. f. d. f. t.*

1207 Bibliotheque Françoife, ou Hiftoire de la Litterature Françoife, avec des Jugemens Critiques fur les principaux Ouvrages, par l'Abbé Goujet. *Paris*, 1740. 2 vol. *in* 12. *v. br.*

1208 Hiftoire Générale des Auteurs Eccléfiaftiques, par D. Remy Ceillier, Benedictin *Paris*, 1729. *in* 4. 2 vol. *v. f.*

1209 { Bibliotheque des Auteurs Eccléfiaftiques jufques y compris le XVIIIe Siécle, avec les Tables, les Supplémens & les Differtations Préliminaires fur la Bible, par Louis-Elie du Pin. *Paris*, 1701. *& fuivantes*, 47 vol. *in* 8. *mar. r. & v. f. d. f. t.*
Traité de la Puiffance Eccéfiaftique, Differtations Hiftoriques fur la Bible, *in* 8.

1210 Critique de la Bibliotheque des Auteurs Eccléfiaftiques & des Prolegomenes de la Bible, publiés par Elies du Pin, avec des Eclairciffemens, par Richard Simon. *Paris*, 1730. *in* 8. 4 vol. *v. f.*

1211 Bibliotheque Univerfelle des Hiftoriens, avec les Tables Chronologiques & Géographiques, par M. du Pin. *Amft.* 1708. *in* 4.

I V.

Journaux Litteraires.

1212 Le Journal des Sçavans depuis l'année 1665. jufqu'à Mars 1731. *Amfterdam. in* 12. 98 vol. *in* 16. *v. f.*

1213 Mifcellanea Curiofa five Ephemerides medico Phificæ Academiæ naturæ curioforum ab

anno 1670. ufque ad annum 1700. 34 *vol. in 4.*
v. f.

1214   Acta Eruditorum Lipfienfia, ab anno 1582.
ufque ad annum 1730. 58 *vol. in 4. v. f.*

1215   Nova Litteraria Maris Baltici & Septentrionis
ab anno 1698. ufque ad annum 1707. *Lubecæ ,*
10 *vol. in 4. v. f.*

1216   Nova Litteraria Germaniæ Collecta *Hambur-*
gi , 1703. 1709. 7 *vol. in 4. v. f.*

1217   Academiæ Cæfareo Leopoldinæ naturæ cu-
rioforum Ephemerides *Francofurti & lipfiæ ,*
1712. *6 vol. in* 4. *v. f.*

1218   Nouvelles de la République de Lettres com-
mencées en Mars 1684. jufques & y comprife
l'année 1718. faifant 57 *vol. in* 12..

1219   Hiftoire critique de la République des Let-
tres ancienne & moderne. *Amft.* 15 *vol.*

1220   Bibliotheque Univerfelle , par le Clerc & au-
tres , 26 *vol. in* 12.

1221   Bibliotheque choifie , par le même , 28 *vol.*

1222   Bibliotheque ancienne & moderne , par le
même. 29.

1223   Hiftoire des ouvrages des Savans, par Bafnage
de Beauval , commencée en Septembre 1687.
& finie en Juillet 1709. 26 *vol. in* 12.

1224   Mélanges d'Hiftoire & de Litterature , par
Vigneul de Marville. *Rott.* 1702. 3 *vol. in* 12.

1225   Memoires de Litterature , par Salingre.
La Haye , 1715. *in* 12. 2 *vol.*
Continuation des mêmes Mémoires de Lit-
terature, par le P. Defmolets de l'Oratoire.
Paris , 20 *vol. in* 12.

1226   Recueil de piéces curieufes & nouvelles , tant
en profes qu'en vers. *La Haye ,* 1694. 5 *vol. in*
16. *v. f.*

1227   Memoires de Trevoux pour l'Hiftoire des
Sciences & des beaux Arts , commencés en
1701. & continués jufqu'à 1740. 158. *vol in* 12.

1228 Mémoires pour l'Histoire des Sciences & des beaux Arts. *Amst.* 1701. 9 *vol. in* 8. *v. f.*

1229 Journal Litteraire, commencé en Mai 1713. jusques & compris Juin 1733. 22 *vol. in* 12. *v. f.*

1230 Nouvelles Litteraires, commencées en 1715. & finies en Juin 1720. 11 *tom. en* 12 *vol.*

1231 L'Europe Sçavante, depuis 1718. jusqu'en 1720. *La Haye*, 1718.

1232 Bibliotheque Angloise. *Amst.* 15 *vol. in* 16. *v. f.*

1233 Mémoires Litteraires de la Grande-Bretagne.

1234 Bibliotheque Germanique, commencée en Juillet 1720. jusques & compris l'année 1735. 33 *tom. en* 22 *vol. in* 12. *v. f.*

1235 Histoire Litteraire de l'Europe, commençant en Janvier 1726. jusques & compris Decembre 1727. 6 *vol. in* 12. *v. f.*

1236 Bibliotheque raisonnée des Ouvrages des Sçavans de l'Europe, commencée en Juillet 1728. jusques & compris l'année 1738. 21 *vol. in* 12. *v. f.*

1237 Biblioteque Italique, ou Histoire Litteraire de l'Italie, depuis le mois de Janvier 1728. jusques & compris l'année 1734. 18 *vol. v. f.*

1238 Mémoires Historiques & Critiques. *Amster. Bernard*, 1722. 3. *vol. in* 12. *v. f.*

1239 Critique désinteressée des Journaux Litteraires & des ouvrages des Sçavans. *La Haye*, 1730. 3 *Tom. en* 2 *vol. v. f.*

1240 Journal Historique de la République des Lettres depuis le mois de Juillet 1732. jusqu'au mois d'Avril 1733. 2 *vol. in* 12. *v. f.*

V.

Catalogues de Bibliotheque.

1241 Catalogus Autorum qui librorum , Catalogos

indices, Bibliothecas, virorum litteratorum Elogia, vitas aut Orationes Funebres scriptis consignarunt ab Ant. Teisserio. *Geneva* 1686. Cum Appendice. *in* 4. *v. f.*

1242 Catalogues de Livres d'Estampes & de Figures en Taille-Douce, par M. de Marolles. *Paris,* 1666. *in* 8. *mar. r.*

1243 Bibliotheca Bentesiana. *Amst,* 1702. *in* 4. *v. b.*

1244 Catalogue des Livres de M. Boissier. *Paris,* 1725. *in* 12 *v. f.*

1245 Bibliotheca Colbertina. *Parif.* 1728. 3 *vol. in* 12 *v. f.*

1246 Bibliotheca Fayana. *Parif. Martin.* 1728. *in* 8. *v. f.*

1247 Catalogue des Livres de M. le Blanc. *Paris,* 1729. *in* 8.

1248 Catalogue des Livres de M. Ferrari, Avocat. *Paris,* 1730. *in* 8. *v. f.*

1249 Bibliotheca Cometiana. *Parif.* 1730. *in* 8. *v. f.*

1250 Catalogue des Livres de M. le Maréchal d'Uxelles, 1730. *v. f.*

1251 Catalogue des Livres du Cabinet de M. Imbert de Cangé. *Paris,* 1733. *in* 12. *v. f.*

1252 Catalogus Librorum Bibliothecæ comitis de Hoym descriptus à *Gabriele Martin, Parisiis,* 1728. *in* 8. *v. marbré.*

1253 Bibliotheque Janseniste, 1722. *in* 12.

VIES DES HOMMES ILLUST.

1254 Plutarchi opera omnia Gr. Lat. *Francofurti,* 1599. 2 *tom. en* 6 *vol. in fol.*

1255 Les Oeuvres de Plutarque, trad. par Jacq. Amyot. *Paris, Vascosan,* 1567. & 1574. 13 *vol. in* 8. *mar. violet.*

1256 Décade contenant les Vies des Empereurs. *Paris,*

Paris, Vascosan, 1567. in 8. mar. bl.

1257   Les Oeuvres morales de Plutarque, translatées en François par Jacq. Amyot. *Paris, Vascosan, 1575. in fol. antiqué.*

1258   Les Vies des Hommes Illustres de Plutarque, de la traduction de Dacier. *Paris, 1721. 8 vol. in 4.*

1259   Les mêmes de la même traduction. *Amst. 1724. 9 vol. in 12. mar. r.*

1260   Pauli Jovii Elogia Virorum Bellica virtute illustrium. 1575.

1261   Les Hommes Illustres qui ont paru en France, avec leurs Portraits, par M. Perault. 1696. *in fol. m. r. les 2 vol. en un.*

1262   Mémoires pour servir à l'Histoire des Hommes Illustres dans la République des Lettres, avec un Catalogue raisonné de leurs Ouvrages, par le Pere Niceron Barnabite. 40 *vol. in 12. v. f.*

1263   La vie & les sentimens de Lucilio Vanini. *Rott. 1717. in 12.*

1264   La Vie de Descartes. *Paris, 1691. in 4. 2 vol. v. f.*

1265   La Vie de Mezeray. *Amsterdam, 1726. in 12. v. f.*

1266   La Vie de M. le Nain de Tillemont. *Cologne, 1711. in 12. m. r.*

1267   La Vie d'Edmond Richer, par Adrien Baillet. *Liege, 1714. in 12. v. f.*

1268   Histoire de Pierre de Montmaur. *La Haye, 1715. 2 vol. v. f.*

1269   Stephanorum Historia vitas ipsorum ac Libros complectens. *Londini, in 8. v. f. d. f. t.*

1270   Historia Typographorum aliquot Parisiensium vitas & Libros complectens. *Londini, 1727. in 8. v. f. d. f. t.*

1271   Le Vite de piu excellenti Pittori Scultori e Architettori da Georgio Vasari. *Iorenza*

Giunti, 1568. *in* 4. 3 *vol. maroq. verd.*

1272   Entretiens sur les Vies & sur les Ouvrages des plus excellens Peintres anciens & modernes, par Felibien. *Paris*, 1685. 2 *vol. in* 4.

1273   Abregé de la Vie des Peintres, par de Piles. *Paris*, 1699. *in* 12. *v. f.*

EXTRAITS HISTORIQUES.

1274   Les diverses Leçons de Loys Guyon Sieur de la Nauche. *Lyon*, 1590. *in* 8. *maroq. citron à compart.*

1275   Les Méditations Historiques de Camerarius. *Paris*, 1608. 2 *vol. in* 8. *mar. violet.*

1276   Histoires tragiques, par Pierre Boisteau & François de Belleforets, extraites des Oeuvres Italiennes de Bandelle. *Paris*, 1568. *in* 8. *velin.*

1277   Les Histoires tragiques de notre temps, par Fr. de Rosset. *Lyon*, 1701. *in* 8. *v. br.*

1278   Négociations secrettes touchant la Paix de Munster & d'Osnabrug. *La Haye*, 1725. 4 *vol. in fol. v. m.*

1279   Lettres des Ambassadeurs & Plénipotentiaires à la Paix de Nimegue. *La Haye*, 1710. 3 *vol. in* 8. *v. f.*

1280   Recueil Historique d'Actes, Négociations, Mémoires & Traités depuis la Paix d'Utrecht, par Rousset. *La Haye*, 1728. 4 *volum. in* 8. *veau fauve.*

DICTIONNAIRES HISTORIQUES.

1281   Jacobi Hofmanni Lexicon universale Historiam Sacram & Prophanam complectens, editio postrema auctior. *Lugd. Bat.* 1698. 4 *vol. in fol. v. f.*

1282   Le grand Dictionnaire Historique, par Louis Moreri, premiere édition. *Lyon*, 1674. *in fol. mar. r.*

1283 Le même avec Supplément de l'Abbé de S.
Uffans. 3 *vol. in fol.*

1284 Le même. *Paris*, 1725. 6 *tom. en* 7 *vol. gr.*
pap.

1285 Dictionnaire Hiftorique & Critique de Bayle,
premiere Edition. *Rotterdam*, 1697. 2 *vol. in*
fol. v. f.

1286 Le même, Edition de 1720. 4 *vol. in fol.*
g. p. v. f.

COLLECTIONS.

AUTORES interpretatione notis & indicibus
illuftrati in ufum Sereniffimi Delphini,
in-4°. Parifiis, v. f. d. f. t.

1287 APULEIUS, per Jul. Floridum. 1688.
2 *vol.*

Aulus Gellius, per Jac. Prouft. S. J. 1681.

Aurelius Victor, per Annam Tanaq. Fabri
filiam. 1681.

Aufonius, per Julian. Floridum ex recen-
fione Jo. B. Souchay. 1730.

Callimachus G. L. per Annam Fabri filiam.
1675.

Catullus Tibullus & Propertius, per Phil.
Sylvium. 1685. 2 *vol.*

Ciceronis libri de Arte Oratoria, per Jacob.
Prouft. S. J. 1682. 2 *vol.*

——— Epiftolæ ad Familiares, per Philip.
Quartier. S. J. 1685.

——— Orationes, per Carol. de Merouville.
S. J. 1684. 3 *vol.*

Claudianus, per Guil. Pirrhonem. 1677.

Cornelius Nepos, per Nicol. Courtin.
1675.

1287 Dictys Cretensis & Dares Phrygius, per Annam Fabri filiam. 1680.

Eutropius, per eamdem Annam. 1683.

Florus, per eamdem. 1674.

Horatius, per Lud. Prataeum. 1691. 2 *vol.*

Julius Caesar, per Jo. Goduinum. 1678.

Justinus, per Pet. Jof. Cantel. S. J. 1677.

Juvenalis & Perfius, per Lud. Prataeum. 1684.

Lucretius, per Mich. Fayum. 1680.

Manilius, per eumdem Fayum; cum Dan. Huetii animadverfionibus. 1679.

Ovidius, per Daniel. Crifpinum. 1689. 4 *vol.*

Panegyrici Veteres, per Jac. de la Beaune. S. J. 1676.

Phaedrus, per Petr. Danetium. 1675.

Plautus, per Jacob. Operarium. 1679. 2 *vol.*

Plinii fecundi Hiftoria Naturalis, per Jo. Harduinum. S. J. 1685. 5 *vol.*

Quintus Curtius, per Mich. le Tellier. S. J. 1678.

Salluftius, per Dan. Crifpinum. 1674.

Sextus Pompeius Feftus & M. Valerius Flaccus, per Andr. Dacerium. 1681.

Suetonius, per Aug. Babelonium. 1674.

Tacitus, per Julian. Pichon. 1682. 4 *vol.*

Terentius, per Nicol. le Camus. 1675.

Titus Livius cum fupplementis Jo. Freinshemii, per Jo. Doujatium. 1679. 6 *vol.*

Valer. Martialis, per Vinc. Coleffonem. 1680.

Valerius Maximus, per Petr. Jofeph. Cantel. S. J. 1679.

Velleius Paterculus, per Rob. Riguez. S. J. 1675.

Virgilius, per Car. Ruaeum. S. J. 1682.

1287 Dictionarium Antiquitatum Græcarum &
Romanarum, per Pet. Danetium. *Parisiis*,
1695. *cart. mag. mar. r.*

Dictionarium Latino Gallicum, ad usum
Serenissimi Delphini, ab eodem congestum.
Parisiis, 1693. *in* 4.

Idem. *Parisiis*, 1700. *in* 4.

Idem. *Parisiis*, 1704. *in* 4.

Idem. *Lugduni*, 1729. *in* 4.

Dictionnaire François - Latin, du même.
Lyon, 1707. *in* 4. *mar. r.*

AUTORES cum notis variorum, in 8. mar. r.

1288 Arrianus Gr. Lat. *Amst.* 1668. *en veau.*

Ausonius. *Amst.* 1671.

Catullus Tibullus & Propertius. *Ultraj.*
1659.

Ciceronis Epistolæ ad Familiares ex recen-
fione. *Grævii*, 1677. 3 *vol.*

Claudianus. *Amst.* 1665.

Cornelius Nepos. *Lugd. Bat.* 1667.

Cornelius Tacitus. *Amst.* 1672. 4 *vol.*

Erasmi Colloquia. *Lugd. Bat.* 1664.

Florus. *Amst.* 1660.

Historiæ Augustæ Scriptores. *Lugd. Bat.*
1661.

Hippocrates Gr. Lat. *Amst.* 1685. 2 *vol.*
velin.

Horatius. *Lugd. Bat.* 1670.

Julius Cæsar. *Amst.* 1661.

Justinus. *Amst.* 1659.

Juvenalis & Persius. *Lugd. Bat.* 1664.

Lactantius. *Lugd. Bat.* 1660.

Lucanus. *Amst.* 1658.

Martialis. *Lugd. Bat.* 1661.

Ovidius. *Lugd. Bat.* 1661. 3 *vol.*

1288 Petronius. *Amst.* 1669.
Phædri Fabulæ. *Amst.* 1657.
Plautus. *Lugd. Bat.* 1664. 2 *vol.*
Plinii Hist. Naturalis. *Lugd. Bat.* 1669. 3 *vol. en veau.*
———— Epistolæ. *ibid.* 1669.
Quintus Curtius. *Lugd. Bat.* 1658.
Quintilianus. *Lugd. Bat.* 1665. 2 *vol.*
Sallustius. *Lugd. Bat.* 1665.
Senecæ Phil. Opera. *Amst.* 1672. 3 *vol.*
Senecæ Tragædiæ. *Amst.* 1651.
Statius. *Lugd. Bat.* 1671.
Suetonius. *Lugd. Bat.* 1647. 2 *vol.*
Sulpitius Severus. *Amst.* 1654.
Terentius *Lugd. Bat.* 1662. 2 *vol.*
Titus Livius. *Amst.* 1665. 3 *vol.*
Valerius Maximus. *Lugd. Bat.* 1660.
Velleius Paterculus. *Lugd. Bat.* 1659.
Virgilius. *Lugd. Bat.* 1652.

Editions des Elzevirs. in **12.**

1289 Quintus Curtius. *Lugd. Bat.* 1633. *in* 12. *mar. r.*
Titus Livius. 1634. 3 *vol. m. r.*
———— Autre à deux colonnes de 1678. *mar. r.*
Lucius Annæus Florus. 1638. *m. r.*
———— Autre de 1657. *m. viol.*
Justinus. 1640. *m. b.*
Velleius Paterculus. 1664. *m. r.*
Julius Cæsar. 1635. *m. r.*
Sallustius. 1634. *m. r.*
Cornelius Tacitus. 1640. *m. r.*
Savilii notæ in Tacitum. 1649. *m. r.*
Plinii Historia naturalis. 1635. 3 *vol. mar. viol.*
Plinii secundi Epistolæ & Panegyricus. 1653. *mar. viol.*

1289 M. Tullii Ciceronis opera. 1642. 10 *vol.* *mar. bleu.*

Ejusdem, de Officiis. 1664. *m. r.*

L. Annæi Senecæ opera. 1640. 3 *vol.* *mar. r.*

Sulpitius Severus. 1643. *m. r.*

Terentius. *Lugd. Bat.* 1635. *m. bl.*

Virgilius. 1636. *m. r.*

Horatius. 1629. *m. r.*

Ovidius. 1629. 3 *vol. m. r.*

Claudianus. 1650. *m. r.*

Prudentius. *Amst.* 1667. *m. r.*

Heinsii Poemata. 1653. *m. r.*

Barclaii Argenis. 1659. *m. r.*

Idem. 1671. *m. viol.*

Ejusdem Satyricon. 1637. *m. bl.*

Erasmi Colloquia. 1643. *m. viol.*

Les Oeuvres de Rabelais. 1663. 2 *vol.* *mar. r.*

Psalterium Davidis & Libri Sapientiales. *Lugduni, apud Elzevirios.* 1653. *in* 12. *m. bl.*

De Imitatione Christi. *Lugduni,* 1658. *mar. bl.*

Augustini Confessionum Liber. *Lugd. Bat.* 1675. *m. bl.*

SUPPLEMENT

A U

CATALOGUE.

1290 **S**TATUTA Sacræ Facultatis Theologiæ Parisiensis. *Parif.* 1715. *in* 4. *mar. r.*

1291 Declaratio & Responsiones ab Archiepiscopo Sebasteno. *Anno* 1704. *in* 8. *v. f.*

1292 L'Innocence opprimée par la Calomnie, ou Histoire de la Congrégation des Filles de l'Enfance de N. S. J. C. *Toulouze*, 1688. *in* 8. *mar. viol.*

1293 La Paix de l'Eglise sous Clément IX. 1706. *in* 8. 2 *vol.*

1294 Apologie des Dominiquains Missionnaires de la Chine. *Cologne*, 1699. *in* 12. *v. f.*

1295 Anti-Exaples, ou Analyse des 101. Propositions du Nouveau Testament du P. Quesnel, pour servir de Réponses aux Exaples, par le R. P. Paul de Lyon, Capucin. *Lyon*, 1721. 2 *vol. in* 12.

1296 Pensées Choisies de M. l'Abbé Boileau. *Liege*, 1709. *in* 12. *v. f.*

1297   Traité contre les Masques , par J. Savaron.
Paris , 1611. *in* 12.

1298   Religio Medici. *Lugduni Bat.* 1644. *in* 12.

1299   De Ecclesiastici interdicti Sententiâ , ex occa-
sione Sicularum Censurarum , Dissertatio. *Anno*
171⬛4. *v. f.*

1300   Réflexions sur les Constitutions & Brefs des
Papes Innocent X.. & Alexandre VII. touchant
la condamnation des cinq Propositions de Jan-
senius. *Cologne ,* 1699. *in* 12.

1301   Etat général des Unions faites des Biens &
Revenus des Maladreries. *Paris ,* 1705. *in* 4.
mar. r.

1302   Traité du Vrai Mérite de l'Homme. *Paris ,*
1734. *in* 12. *v. brun.*

1303   Les Hommes. *Paris ,* 1734. 2 *vol. in* 12.
m. r.

1304   L'Art des Lettres de Change , par Jacques Du-
puis. *Paris ,* 1693. *in* 8.
Le même. *Lyon ,* 1717. *in* 12. *v. br.*

1305   Le Toisé & le Tarif général des Bois. *Paris ,*
1696. *in* 12. *fig. v. br.*

1306   Dictionnaire du Commerce , par Savari , avec
Supplément. *Paris ,* 3 *vol. in fol.*

1307   Le Cuisinier Royal & Bourgeois. *Paris ,* 1720.
2 *vol. in* 12. *v. b.*

1308   Suite du Traité de la Sphere , ou Calandrier
Historique. *Utrecht ,* 1707. *in* 12. *v. f.*

1309   Description des Tableaux du Palais Royal.
Paris , 1727. *in* 12.

1310   J. Lipsi Saturnalium Sermonum Libri duo.
Antverpiæ , 1585. *in* 4. *fig. velin.*

1311   Miroir Vost & West-Indical. *Amst.* 1621.
in 8. *oblong. r. maroq. verd. Fig.*

1312   Repos de Cyrus , ou l'Histoire de sa Vie de-
puis sa 16e. jusqu'à sa 40. année. *Paris , Briasson,*
1732 *in* 8. *v. f.*

1313   Les Trois Mondes , par de la Popliniere. *Pa-*

ris , l'Huilier , 1582. in 8. maroq. r.

1314   Rome Anti-chrétienne , ou Conformité de l'horrible Perfécution qu'Antiochus exerça contre l'ancienne Eglife , avec celle que le Clergé de France fait fouffrir aux Réformés. *Cologne , 1687. in 16. v. brun.*

1315   Hiftoire Militaire de Charles XII. Roi de Suede , par Guftave Adlerfeld. *Paris , 1741. in 12. fig. v. m.*

1316   Mémoires du Marquis d'Almacheu. *Amfterd. 1673. in 16. m. verd.*

1317   Traité de la Nobleffe & de fon origine. *Paris, 1700. in 12. v. br.*

1318   Traité de l'origine des Noms & Surnoms. *Paris , 1681. in 12. v. f.*

1319   Le vrai & ancien Ufage des Duels , par le fieur Daudiguier , *Paris , 1617. in 12.*

1320   Les Décorations Funebres , par le P. Meneftrier. *1687. in 8. v. f.*

1321   Vie de Jean d'Allamont le Fidele Gouverneur. *Liege , 1668. in 12. 16 vol. v. f.*

ESTAMPES.

1 Oixante-huit Piéces de différens Maî-
tres.

2 Un Portefeuille contenant 102. Pié-
ces du recueil des Eſtampes de M.
Crozat.

3 Deux cent quatre-vingt Piéces de Willem-Baur.

4 Ving-quatre Piéces de Wateau.

5 L'Oeuvre de Silveſtre, en 3 vol. fol. contenant
645. Pieces, tant grandes que petites.

6 L'Oeuvre de Pouſſin, en 2 vol. fol. contenant
150 Piéces.

7 L'Oeuvre de Rigaud, en un grand vol. fol. relié
en mar. r. contenant 123 Portraits.

8 Un volumme in fol. contenant 217 Piéces de Viſ-
cher.

9 Un volume in fol. rempli d'Eſtampes de différens
Maîtres, au nombre de 112.

10 Un volume in fol. contenant 123 Eſtampes de
Poilly, Pitau, & Rouſſelet.

11 Un volume in fol. qui contient 131 Pieces d'Al-
bert Durer, tant en cuivre qu'en bois.

12 Un volume in fol. qui contient 340 Piéces de
Gale.

13 Un volume in fol. contenant 137 Eſtampes de
Schenk & Gole.

14 Trente Pieces de Wauvremens.

15 Deux volumes in fol. contenant 288 Piéces de
Smith, Schenk & Gole.

16 Un volume contenant 430 Piéces de Calot, tant
grandes que petites.

17 Un grand volume in fol. contenant 700 Piéces de
Hollar, tant grandes que petites.

18 Un volume in fol. contenant 318 Piéces de Velde.

19 Un volume in fol. contenant 200 Piéces de Bloemart.

20 { Un volume in fol. contenant 24 Eſtampes des Tableaux du Cabinet du Roi.
Dans le même volume, 18 Statues de Mellan; & à la fin du volume, la Grotte de Verſailles.

21 Un grand volume in fol. relié en maroquin, qui contient 28 grandes Eſtampes de différens ſuíets, par Gerard Audran.

22 Un volume in fol. repréſentant diverſes Figures groteſques.

23 Un volume in fol. contenant 120 Piéces, de Boulanger.

24 Un grand volume in fol. contenant 150 Portraits de différens Maîtres.

25 Le livre à deſſiner de Bloemar.

26 Le Cabinet de Reynſt.

27 Ædes Barberinæ.

28 Les Bas-reliefs de Perier.

29 Un volume in fol. où ſe trouve la Vie de S. Bruno, & quelqu'autres Piéces à la fin du Livre.

30 Un grand volume in fol. contenant les Grandes Batailles d'Alexandre, & à la fin du Livre quelques morceaux du Pouſſin.

31 Les Petites Batailles d'Alexandre, par le Clerc. *in fol. v.*

32 Un volume in fol. contenant 160 Piéces de différentes Eſtampes hiſtoriques.

33 Deux volumes in fol. repréſentant les Villes des Pays-Bas.

34 Un volume in fol. contenant 37 Conquêtes de Louis XIV. gravées par le Clerc, Dolivar & Chatillon.

35 Un grand volume de Profils de Villes, par Beaulieu.

36 Les cent Eſtampes du Levant, avec l'explication par M. de Feriole.

37 L'Hiftoire de Louis XV. en Médailles, par Go-
doneche.

38   cinquante Pieces de Vander Meulen.

39 { Admiranda Romanorum Antiquitas.
      Veteres Arcus Romanorum , cum notis P.
Bellori.

Fin du Catalogue.